食べるの大好き！
3歳からの
からだを作る
おべんとう

中村美穂

赤ちゃんとママ社

# はじめに

毎日のおべんとう作りは、離れて時間を過ごす子どもに
「がんばって！」というエールを届けるようなもの。
私も、子どもたちのおべんとうは"がんばりすぎずシンプルに、
おいしくて元気が出るように"と思いながら作っています。

もちろん、朝起きれずあわてたり、焦がして失敗することもありますが、
続けるうちに手をぬきつつ、やりくりする術を学んだような気がします。
ときには、子どもとケンカしておかずが減ったり、
逆に、いいことがあれば豪華になったり…。
それも子育てに奮闘した思い出になるのかなと思います。

大変なときもあるけれど、作る人が少しでも楽しむことができたら、
食べる人にも気持ちが伝わるはず。
ふたを開けたときの笑顔を想像したり、空っぽになったおべんとう箱を見て、
にんまりできたらいいですね。

この本では「おいしく楽しく食べられて、
丈夫なからだを作るおべんとう」をテーマに
簡単でも成長期の子どもに必要な栄養素がとれるメニューや、
身近な食材でなるべく効率よく、おいしく作るための調理のコツや
アレンジレシピをご紹介しています。

子どもの食事の悩みは人それぞれで、戸惑うことも多いと思います。
目安となる栄養量、幼児食の知識やポイントも
わかりやすく解説していますので、ぜひ参考にしてください。
それぞれのレシピはおべんとうだけでなく、いつもの食事作りにも活用していただけます。
もちろん、量や味つけなどを変えれば、
小学生以上の大きな子や大人のおべんとうにも対応できます。

この本が少しでも、みなさまのお役に立てるとうれしいです。

中村美穂

# CONTENTS

⏱……時短レシピのおべんとう

## おべんとう作りの基本
- メニューのバランス……6
- 量の目安と食べやすい工夫……7
- 詰め方……8
- 衛生管理……9
- おべんとう箱＆グッズの選び方……10

## おいしくできる調理のコツ
- 冷めてもふっくらやわらかい
  ご飯の炊き方……12
- 野菜の基本的な調理法と保存……13

## 本書の使い方……14

### part 1
よく使う食材ごとに基本からアレンジまで
## 定番食材で作る人気のおべんとう

### ご飯がメインのおべんとう
- おにぎりべんとう……16
- おにぎりのアレンジ……18
- カルシウムたっぷり！ ご飯おやきべんとう……19
- のり巻きべんとう……20
- ビビンバべんとう……22
- オムライスべんとう ⏱……24
- カレーライスべんとう……25

### パンがメインのおべんとう
- サンドイッチべんとう……26
- ホットドッグべんとう ⏱……28
- 野菜蒸しパンべんとう……29

### 麺がメインのおべんとう
- 焼きそばべんとう……30
- 大豆入りミートソース
  スパゲッティべんとう ⏱……31
- 焼きうどんべんとう ⏱……32
- マカロニグラタンべんとう……33

### 肉がメインのおべんとう
- から揚げべんとう……34
- ハンバーグべんとう……36
- ポークソテーべんとう……38
- 野菜とじゃがいもの肉巻きべんとう……40
- チキンカツべんとう……42
- 鶏のみそ漬け焼きべんとう ⏱……43

### 魚がメインのおべんとう
- 鮭の塩焼きべんとう……44
- ぶり照り焼きべんとう……46
- あじのカレー焼きべんとう……48
- フィッシュバーガーべんとう……50

### 練り製品がメインのおべんとう
- ちくわと野菜のかき揚げべんとう……52
- さつま揚げの卵とじべんとう ⏱……53

### 卵がメインのおべんとう
- 卵焼きべんとう……54
- 卵料理のアレンジ……56
- ひき肉野菜オムレツべんとう ⏱……57

### 豆製品がメインのおべんとう
- 豆腐ツナハンバーグべんとう……58
- 厚揚げの肉みそ炒めべんとう ⏱……60

## part 2
マンネリを解消！おかずのレパートリーもふえる
# おべんとうのお助けレシピ

### 赤の野菜のおかず ……………………… 62
ミニトマトとかまぼこのゆかりがけ／にんじんりんご煮／赤パプリカのナムル／にんじんとハムのマヨソテー／にんじんのごま煮／にんじんとしらたきのたらこあえ／トマトのスクランブルエッグ／切り干し大根のケチャップソテー

### 黄の野菜のおかず ……………………… 64
さつまいもレモン煮茶巾／黄パプリカのソテー／コーンのいり豆腐／かぼちゃチーズ焼き／かぼちゃのクリームチーズあえ／大学いも／もやしとコーンの炒めサラダ／カレーポテト

### 緑の野菜のおかず ……………………… 66
たたききゅうりのごま酢あえ／オクラ梅おかかあえ／ほうれんそうコーンのり巻き／いんげんとこんにゃくの炒めごまあえ／チンゲンサイのわかめふりかけあえ／グリーンマッシュポテト／じゃこピーマンソテー／焼きブロッコリー麺つゆあえ

### 練り製品活用のおかず ………………… 68
ちくわの照り焼き／ちくわ磯辺揚げ／ちくわのピザ風／ちくわのナムル／かまぼこサンド／さつま揚げお好み焼き／はんぺんチーズフライ／はんぺんのり巻き

### 常備菜〈おかず編〉 …………………… 70
きんぴら（きんぴらごぼう・れんこん塩きんぴら）／切り干し大根にんじん煮／ひじき煮／鶏ねぎそぼろ／野菜の甘酢漬け／豆おかず（金時豆の薄甘煮・ひよこ豆の塩ゆで）

### 常備菜〈ふりかけ編〉 ………………… 74
鮭フレーク／ツナそぼろ／しらす青菜炒め／昆布佃煮

### 常備菜〈調味料編〉 …………………… 75
すし酢／麺つゆ
本書で使用した基本調味料 ………………… 75

### デコ弁テクニック ……………………… 76
サンドイッチをデコ／ご飯をデコ／ミニトマトをデコ／ウインナーの飾り切り／フルーツの飾り切り／薄焼き卵の飾り切り

### 特別な日のおべんとう ………………… 78
### イベントべんとう ……………………… 80

### デザート ………………………………… 82
フルーツヨーグルト／フルーツさつまいもきんとん／かぼちゃオレンジかん／ほうれんそう入り焼きドーナツ

## part 3
子どもの栄養を考える幼児食の基礎知識
# 3歳からのすくすく食育講座

からだに必要な栄養素とは？ ……………… 84
栄養をバランスよくとるためには？ ……… 85
何をどのくらい食べればいい？ …………… 86
1日分の栄養がとれる献立例 ……………… 88
知っておきたい 幼児食の基礎知識 ……… 92

### 幼児食 お悩み解決室
1　よくかんでくれない ……………… 95
2　あまり食べてくれない …………… 96
3　食べすぎが気になる ……………… 97
4　好き嫌いをなくしたい …………… 98
5　食物アレルギーがある …………… 99
6　からだの調子が悪い ……………… 100

### 食材別おかず索引 ……………… 101

## 初めてでも大丈夫！
# おべんとう作りの基本

メニューの考え方から食べやすい工夫、詰め方まで、
毎日のおべんとう作りをスムーズに行うための基本をご紹介します。

## メニューのバランス

### 「主食：主菜：副菜＝２：１：１」の割合で栄養バランスはクリア！

主食をおべんとう箱の半分に、残り半分を主菜と副菜で半量ずつにすると、栄養バランスがよくなります。メニューは、素材や調理法、味つけ、色合い（赤・黄・緑・白・茶・黒）、食感を考えて、なるべく偏らないように心がけましょう。さらに、季節や遠足、行事など食べる際の状況に合わせて、遠足なら食べやすいおにぎりにするなど、メニューをアレンジします。

### 主食

**ご飯やパン、麺などの炭水化物**

炭水化物は主にエネルギー源となり、からだや脳の成長・発達が盛んな子どもには特に必要な栄養素で、ご飯やパン、麺、いも類に多く含まれる。３〜５歳の子どもには、１食あたりご飯100g程度が目安。

### 副菜

**野菜や果物、海藻などのおかず**

副菜には、主にからだの調子を整えたり、骨や筋肉を作るなど、子どもの成長に欠かせないビタミン、ミネラルを多く含む野菜や果物、海藻をとり入れて。１食あたり野菜60g程度が目安。

### アドバイス

品数が少なくても栄養バランスのとれたおかずにするには、子どもの好みや食べやすさを考えて、主食とほかのおかずを一緒にした混ぜご飯・丼・サンドイッチや、肉に野菜を合わせた主菜、いも類やハムを野菜と合わせた副菜などを組み合わせるとよい。

### 主菜

**肉や魚、卵などのタンパク質**

肉や魚、卵、豆類、牛乳に多く含まれるタンパク質は、主に筋肉や骨、血液など、からだを作る栄養素。１食あたり肉30g程度が目安。

## 量の目安と食べやすい工夫

### ❶ 子どもが完食できる量で作る

　3〜5歳くらいの子どもの量は、大人の1/2〜2/3程度が目安ですが、適量は1人1人違います。特に、おべんとうデビューのころは少なめからスタートし、食べきれる量を確認しながら調整します。不足する分は、家庭での食事やおやつでカバーしましょう。

子ども用　大人用

### ❷ ひと口大を目安に食べやすい大きさにまとめる

大きすぎても小さすぎても食べにくいので、ひと口大を目安に、パクッと食べられるようにまとめてあげます。

ご飯はおにぎりやのり巻きにしてコンパクトに。

ポロポロするものはおかずカップに入れるか、スプーンをつける。

### ❸ 濃いめの味つけで冷めてもおいしく

子どもの食事はうす味が基本ですが、おべんとうでは、やや濃いめに味つけしておくと、冷めてもおいしく食べられます。

### ❹ 肉や卵は中までしっかり加熱する

肉や魚、卵などは、中心までしっかり火を通すことで加熱殺菌ができ、食中毒の予防になります。

## 詰め方

### ① 詰める前にしっかり水気をきる＆冷ます

水分が多いといたみやすくなるので、水気をしっかりきることが基本です。また、温かいまま詰めると内側に水滴がついていたみやすくなり、味も落ちるので、冷ましてから詰めましょう。

生野菜はキッチンペーパーに並べて水気をきる。

煮ものなどは最後に煮汁をとばして。

加熱したものはバットなどに広げて冷ます。

### ② 主食→主菜→副菜の順に詰めていく

#### 1 ご飯などの主食

おべんとう箱の半分に冷ました主食を詰める（あれば仕切りをする）。パンやおにぎりはラップに包んで別添えにしてもOK。

#### 2 形が決まっている主菜

卵焼きやから揚げなど、形が決まっているものを詰める。おかずカップやバランで仕切ってもよく、レタスなどの葉野菜を敷くときは、よく洗って水気をきる。

#### 3 あえものや煮ものなどの副菜

バラバラになりやすく、水気が出やすいおかずはカップに入れてから、あいているところに詰める。

#### 4 すきまがあればミニトマトや果物

おべんとう箱にすきまがあると持ち運ぶあいだに中身が動いてしまうので、ミニトマトや枝豆、果物などを小さく切って詰める。

完成！

# 衛生管理

## ❶ 衛生的に作るために役立つ器具と使い方

### まな板・包丁
まな板は少量を切ったり、手軽に洗える小さめなものを。肉・魚用と野菜・果物用に分ける。包丁はパン切り用とペティナイフもあると便利。

### バット
切った食材を置いたり、冷ましたりするときに活躍。ステンレスやプラスチックなど、耐熱性のものが数枚あると用途別に使い分けができる。

### 小さいざる・ボウル
少量を作るときは小さめのざるやボウルが効率的。プリンカップも、少量の食材や調味料を入れるときに役立つアイテム。

### 小さい保存容器
耐熱性のプラスチックやステンレス、陶器など、ふたつきの保存容器は、余った食材や常備菜の保存などに最適。

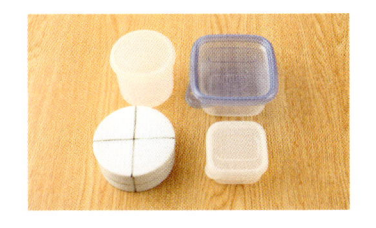

### ポリ袋・ジッパーつき袋・ラップ
ポリ袋は生肉をこねるときなどに、ジッパーつき袋は冷蔵・冷凍保存に便利。ラップはおにぎりを作るときに使うと手を汚さず、衛生的。

### 箸・スプーン・使い捨て手袋
手指からの感染を防ぐため、おかずを盛るときは素手ではなく、箸やスプーンを使う。手指に傷があるときは手袋をする。

## ❷ 調理器具やおべんとう箱は消毒して清潔に

### 消毒方法1

**熱湯消毒**
おべんとう箱は基本的に洗剤で洗って乾燥させればOK。直接熱湯をかけて乾かすとより安心。ただし、熱湯消毒を行う前に耐熱温度を確認して。

### 消毒方法2

**アルコール消毒**
乾いたまな板や汚れを拭いたあとの調理台などは、消毒用アルコールをスプレーし、拭きとらずに乾かす。熱湯消毒が難しい場合（冷蔵室など）にも有効。

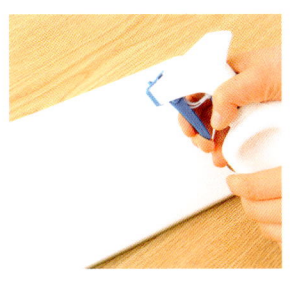

## おべんとう箱&グッズの選び方

### ❶ おべんとう箱はちょうど食べきれるサイズで、軽くて丈夫なものを

#### 容量
幼児が1食でとりたいエネルギー量（350kcal程度）とほぼ同じ容量（350mℓ程度）を目安に、食べる量が少ないときは容量が小さいものを使います。メニューに合わせて形や深さが変えられるように数種類用意したり、小分けできるよう小さい容器もあると便利です。

#### 材質
耐熱性、耐油性にすぐれていて、軽くて丈夫なプラスチック製が最適です。シミやにおいが気になるときは、台所用漂白剤で落とします。木や竹などの自然素材のおべんとう箱は汁や油がつきやすいので、洗いやすく汁もれしない子ども用のものを選びましょう。

### ❷ ふたは開け閉めしやすいものを

**かぶせるタイプ**
まだ指先を器用に使えない子どもにも開け閉めしやすいですが、汁もれしやすいため、水気が少ないおかずにし、ゴムベルトでとめます。

**とめ具つきタイプ**
しっかり密閉できるので汁もれの心配はないですが、開けにくいこともあります。子どもが1人で開け閉めできるかを事前に確認しましょう。

## ❸ ピックは持つ部分が平らで先がとがっていないもの

刺す部分が短く、とがっていないものが安全。持つ部分が平らで少し大きいとつまみやすいです。先のとがったものや細いものはケガや誤飲の恐れもあるので要注意。

## ❹ おかずカップは色や味が混ざるのを防ぐ

おかずを仕切って色の移りや味が混ざるのを防ぎます。また、おかずがとり出しやすくなります。色もさまざまで、おべんとうの彩りもよくします。繰り返し使えるシリコン製が便利です。

## ❺ おべんとう包みはひもをしばる巾着が最適

ハンカチやバンダナは、幼児にとっては包んで結ぶのがまだ大変なので、出し入れしやすい巾着タイプがベスト。気温の高い季節はマジックテープどめの保冷バッグもおすすめ。

## ❻ カトラリーは必要な分だけ持たせる

箸やスプーン、フォークは、先がとがっていなくて、子どもに合った大きさや長さのものを選びます。3点セットのものは重く、出し入れしにくいので、必要なものだけ持たせましょう。

## ❼ 夏は保冷剤冬はアルマイト製が活躍

夏は高温でいたみやすくなるので、保冷剤をつけて保冷バッグに入れると安心。冬は保温庫に入れる場合、アルマイトなど金属製のおべんとう箱にし、果物など温めないで食べるものは別容器に入れます。

夏は保冷剤をつけていたむのを防ぐ。

冬は温められるアルマイト製がおすすめ（果物は別容器に）。

普段の食事にも！
# おいしくできる調理のコツ

「ご飯は冷めるとかたくなってしまう」「苦手な野菜を上手におべんとうにとり入れたい」そんな悩みを解決！　おべんとう作りだけでなく、朝食や夕食にも役立つ調理法をご紹介します。

## 冷めてもふっくらやわらかいご飯の炊き方

### 1 米が割れないようにやさしくとぐ

計量した米を水に入れてサッと混ぜたら、すぐ水をきってホコリやヌカを落とす。その後、3回ほど水を加えてやさしくとぐ。力を入れてとぐと米が割れてしまうので要注意。

### 2 とぎ終わったら30分ほど浸水させる

といだ米を炊飯器に入れ、表示の目盛まで水を入れて30分ほど浸水させてからスイッチを押す。おべんとう用には、水をやや多めにして炊くと冷めてもやわらかいまま食べられる。無洗米の場合は、1合（180cc）を160cc程度に減らして量ると◎。鍋で炊く場合の水加減は米の1.2倍にする。

### 3 炊き上がったらすぐ混ぜる

炊飯器は蒸らす時間も含まれるため、炊き上がったらすぐにさっくりと混ぜ、余分な水分をとばすとふっくらとした仕上がりに。鍋で炊く場合は沸騰後、弱火で18分炊き、火を止めて10分蒸らす。

### 4 素早く冷ましていたみを防止

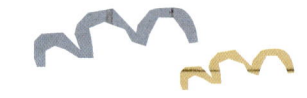

おべんとうに詰めるときは、温かいままだと蒸気がこもって、べたつきやいたみの原因になり、冷ましすぎるとかたくなるので、バットや皿に広げて短時間で常温になるまで冷ます。

## 野菜の基本的な調理法と保存

### ① 下処理と切り方

**にんじんや玉ねぎなど**
泥には細菌がたくさんついているので、よく水洗いする。にんじんは拍子木切りやいちょう切り、玉ねぎはくし形切りなど、火の通りがよく、食べやすい大きさにカットする。

**ごぼうやいも類など**
アクが出るものは切ったままにしておくと変色するので、水にさらして早めに加熱する。ごぼうの細切りはピーラーを使うと便利。

**ほうれんそうなど**
アクの強いほうれんそうは、ゆでて水にさらしてしぼる。小松菜やチンゲンサイなどは、下ゆでせずに使えるので便利。繊維が多いので、茎は短く、大きい葉は縦横に切る。

**きゅうりやトマトなど**
生で食べるものはよく水洗いし、まな板と包丁をほかの食材と別にして衛生的に扱う。水分が多く、火の通りも早いので、食べる当日に切る。きゅうりはサッとゆでてもよく、トマトは煮つめて加熱調理に使用しても。

### ② 野菜は「蒸す」調理がおすすめ

蒸し器で「蒸す」、フライパンに水を加えふたをして「蒸し焼き」、水を振ってラップをして「電子レンジで加熱」なら、水っぽくならず、短時間で火が通る。野菜のうまみや甘みを引き出すので、塩を振るだけでもおいしく食べられる。

蒸し器で蒸す。

蒸し焼きは強火で水分をとばす（ふたをする）。

### ③ 冷蔵・冷凍保存すると便利

下処理や下ゆでした野菜をジッパーつき袋に入れたり、キッチンペーパーを敷いた密閉容器に入れて冷蔵（または冷凍）保存すれば、当日温めるだけで使える。刻んでハンバーグなどに混ぜれば、加熱時間の短縮になる。

ジッパーつき袋で。

密閉容器に入れて。

### ⑦ 市販の加工ずみ野菜で時短に

ほうれんそうやいんげん、かぼちゃなどの冷凍野菜は下処理ずみでストックしておけるので便利。加熱して水分をとばして使う。

**アドバイス**
おべんとうに使う野菜は、前日の夕食の準備と一緒に皮をむく、切る、下ゆでするなど、できるところまでやっておくと、朝の時短に。

# 本書の使い方

part 1、part 2のおべんとうページの見方と使い方をご紹介します。

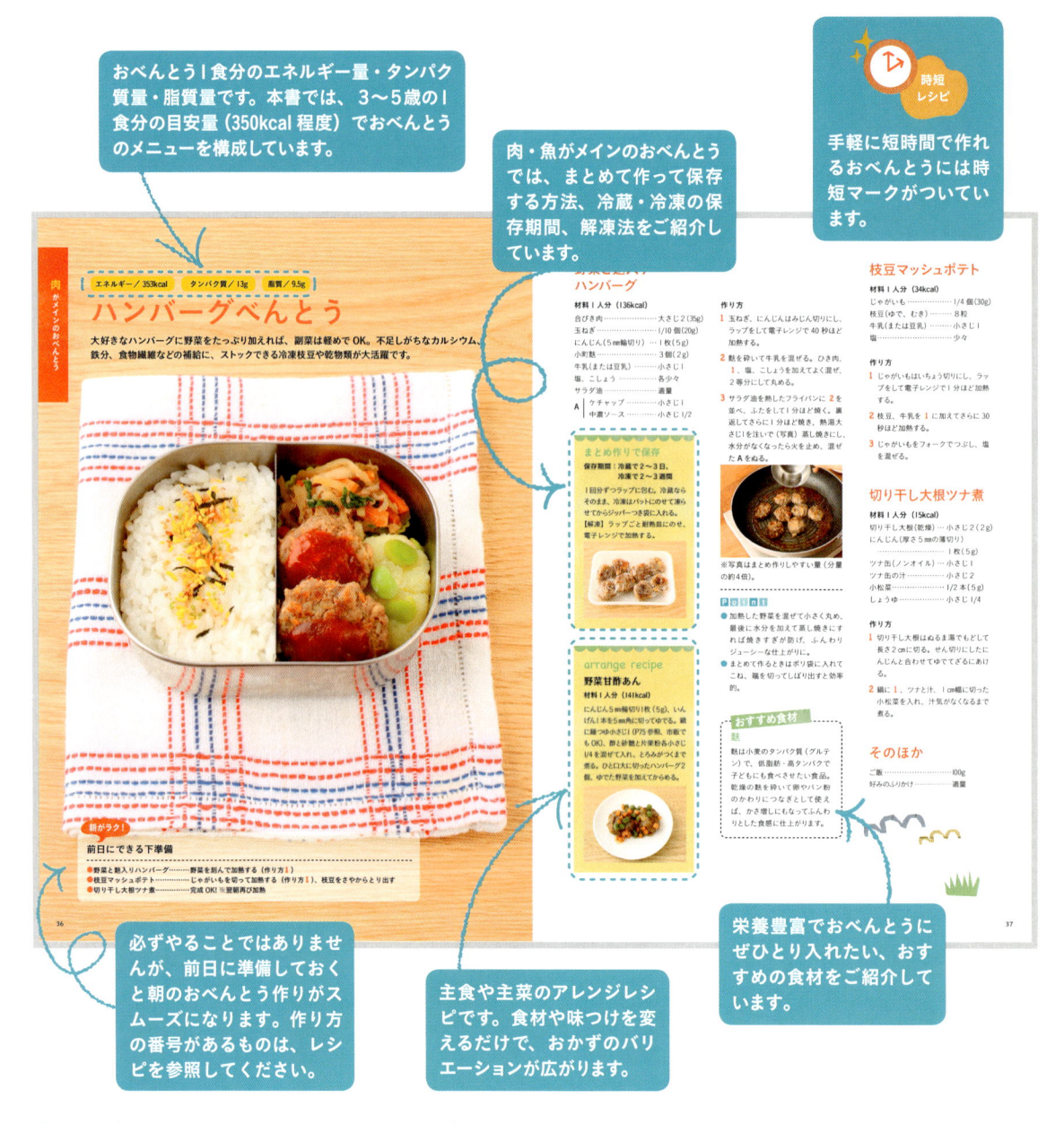

### 時短レシピ
手軽に短時間で作れるおべんとうには時短マークがついています。

### おべんとう1食分のエネルギー量・タンパク質量・脂質量です。
本書では、3～5歳の1食分の目安量（350kcal程度）でおべんとうのメニューを構成しています。

### 肉・魚がメインのおべんとうでは、
まとめて作って保存する方法、冷蔵・冷凍の保存期間、解凍法をご紹介しています。

### 必ずやることではありませんが、
前日に準備しておくと朝のおべんとう作りがスムーズになります。作り方の番号があるものは、レシピを参照してください。

### 主食や主菜のアレンジレシピです。
食材や味つけを変えるだけで、おかずのバリエーションが広がります。

### 栄養豊富でおべんとうにぜひひとり入れたい、
おすすめの食材をご紹介しています。

---

- 計量単位は、大さじ1＝15cc、小さじ1＝5cc、1カップ＝200ccを基準としています。
- 電子レンジは600Wを使用しています。
- 材料は幼児期（3～5歳）の1食分の目安量をもとに、1人分の分量で掲載していますが（一部に例外もあり）、個人差がありますので、量や大きさなど、子どもに合わせて調整してください。
- 肉・魚がメインのおべんとうでは、作り方の写真が1人分の分量ではなく、まとめて作って保存する場合の分量になっていることがあります。
- 火加減は、特に指定がなければ中火で加熱しています。
- 「豆乳」は無調整のもの、「トースター」はオーブントースターを示します。
- 野菜は、皮むきや水洗いなどの下処理がすんだもので分量を掲載しています。
- まるごと食べるミニトマトなど、のどに詰まる恐れがあるものは、おべんとうに入れる前に食べられるか確認して入れてください。
- 本書でご紹介しているグッズについて、園の規定などがあれば、それに準じてください。

# part 1

## 定番食材で作る 人気のおべんとう

part1では、メインのおかずを食材ごとにご紹介します。
おにぎりやサンドイッチ、から揚げ、ハンバーグなど
人気おかずの基本や、食べやすく作るコツがわかるので
初めてのおべんとう作りも安心です。

ご飯がメインのおべんとう

| エネルギー／325kcal | タンパク質／12.2g | 脂質／5.7g |

# おにぎりべんとう

食べやすく、子どもが喜ぶ！ 作りやすいシンプルなメニューでおべんとう生活を元気にスタート！ 遠足など、外で食べる日にもおすすめです。

**朝がラク！**
## 前日にできる下準備

- 梅おかかおにぎり……………… 梅おかかを作る（作り方 **1**）
- ささみとかぼちゃの磯辺揚げ……… ささみとかぼちゃを切る（作り方 **1**） ※それぞれラップで包む
- きゅうりとキャベツの塩昆布あえ… 完成OK! ※ポリ袋の中の空気をぬいてしばり、冷蔵保存

## 梅おかか おにぎり

**材料 1人分（173kcal）**

ご飯 …………………… 100g
A ┃ 梅干し(タネを除いて刻んだもの)
　┃ …………………… 小さじ1/2
　┃ 削り節 …………… 小さじ1
　┃ しょうゆ ………… 小さじ1/2
塩 ……………………… 少々
焼きのり ……………… 適量

**作り方**

1 Aを混ぜておく。
2 ラップにご飯の半量をのせ、中心に混ぜたAの半量を置き（写真）、ご飯で包む。 
3 3回ほど強めににぎり、軽く転がすように形を整える。 
4 ラップをはがし、軽く塩を振り、おにぎりの形に合わせて切ったのりを巻く。同様にもう1個作る。

**Point**
- 別添えにする場合は、ラップでにぎったままにしておくと水分が出てベチャッとなり、いたみやすくなるので、一度はずして新しいラップで包む。
- じかに手でにぎる場合は、水で湿らせた手に塩をなじませてご飯をのせる。

## ささみとかぼちゃの 磯辺揚げ

**材料 1人分（141kcal）**

鶏ささみ ……………… 1/2本(30g)
かぼちゃ(厚さ2cm×4cm幅)
………………………… 1個(30g)
A ┃ 薄力粉 …………… 大さじ1
　┃ 片栗粉 …………… 小さじ1
　┃ 水 ………………… 大さじ1と1/2
　┃ 青のり、塩 ……… 各少々
サラダ油 ……………… 適量

**作り方**

1 鶏ささみは筋をとり、厚さ1cmのそぎ切りにする。かぼちゃは半分の厚さに切る。
2 Aを混ぜて衣を作る。
3 フライパンに高さ0.5cm程度のサラダ油を熱し、1に2をつけて両面がカリッとするまで揚げる。

**Point**
- 深くて小さめのフライパンを使い、材料の厚さ半分程度の油で揚げれば、油の量も温める時間も節約に。
- 油を中火で温め、箸先から細かい泡が出れば適温の合図。火加減に注意して両面を返しながら揚げて。

## きゅうりとキャベツの 塩昆布あえ

**材料 1人分（6kcal）**

きゅうり ……………… 3cm(15g)
キャベツ ……………… 1/3枚(15g)
塩昆布 ………………… 小さじ1/2

**作り方**

1 きゅうりは輪切り、キャベツは2cm角に切り、10秒ほどゆでて水で冷やし、水気をきる。
2 ポリ袋に1、ハサミで長さを半分に切った塩昆布を入れてよくもむ。

## そのほか

いちご（ヘタをとる） …… 1個

### column
**焼きのりの基礎知識**

四角形の焼きのりは通常のサイズを「全型」と呼び、「10枚＝1帖（じょう）」となります。湿気に弱いので密閉して冷蔵保存し、使う際に火で軽くあぶると風味が増します。

ご飯がメインのおべんとう

# おにぎりのアレンジ

白米を玄米や雑穀米にしたり、使う具材や味つけを変えるだけで、さまざまなバリエーションが楽しめます。

## しらすゆかり玄米おにぎり

**材料 1個分（85kcal）**
玄米ご飯50g（ページ右column参照）に、湯をかけて水気をきったしらす干し小さじ1/2、ゆかり小さじ1/4を混ぜて三角ににぎる。

## しょうゆの焼きおにぎり

**材料 1個分（101kcal）**
ご飯50gを丸く平らににぎる。サラダ油少々をぬったフライパンに並べ、両面が薄く色づくまで焼く。しょうゆ適量を薄くぬって焦げ目がつくまで焼き、裏返して残りのしょうゆをぬって焼く。

## ツナみそサンドおにぎり

**材料 1個分（92kcal）**
8等分に切った焼きのりをラップにのせ、ご飯50gをのりの端1cmを残して広げる。汁気をきったツナ小さじ1に、みそ小さじ1/8を混ぜてご飯の上にのせ、ラップごと2つ折りにしてからラップをはずす。

## 枝豆入り雑穀ご飯おにぎり

**材料 1個分（92kcal）**
雑穀入りご飯50g（ページ右column参照）に、ゆでてさやから出した枝豆6粒を混ぜて俵形ににぎる。白いりごま、塩を少しずつ振る。

---

### column

**ビタミン・ミネラル豊富な玄米や雑穀を活用しよう**

玄米や雑穀なら、主食でビタミン、ミネラル、食物繊維をとることができます。水を多めにし、浸水時間を長くすれば炊飯器でも炊けますが、圧力鍋だともっちりやわらかく、子どもにも食べやすくなります。冷めてもおいしいですよ。

#### 玄米ご飯の炊き方

1. 玄米を洗って水気をきり、容積の1.3倍の水に30分〜1時間浸す。

2. 圧力鍋に入れて強火にかけ、沸騰したら塩ひとつまみを混ぜる。ふたをして中火にし、圧がかかったらごく弱火にして25分炊く。火を止め、圧がぬけるまでそのまま蒸らす。

3. ボウルなどにあけ、天地を返してさっくり混ぜる。

#### 雑穀入りご飯の炊き方

白米2合をとぎ、通常よりやや多めの水に浸し、雑穀ブレンド1袋（20g）を混ぜて炊く。

## しらすと野菜の ご飯おやき

**材料 1人分（292kcal）**

| | |
|---|---|
| ご飯 | 100g |
| にんじん（1cm輪切り） | 1枚（10g） |
| キャベツ | 1/3枚（15g） |
| 小松菜 | 2本（5g） |
| しらす干し、ホールコーン缶 | 各小さじ2 |
| 塩、青のり | 各少々 |
| 薄力粉 | 大さじ2 |
| 牛乳（または豆乳） | 大さじ1 |
| ごま油 | 適量 |
| A みそ、白すりごま | 各小さじ1/2 |
| 砂糖 | 小さじ1/4 |
| 水 | 小さじ1 |

**作り方**

1. ボウルにご飯、ゆでて水気をきってみじん切りにした野菜、しらす干し、コーン、塩、青のりを混ぜ、薄力粉、牛乳を加えてまとめる。
2. 温めたフライパンにごま油を薄くひき、1 をスプーンで3等分にして丸く落とし、平らにのばす。ふたをして焼き、裏返して焼き色をつける。
3. A を混ぜて電子レンジで10秒ほど加熱し、2 の上にぬる。

**Point**
- このおやきは、1品で主食・主菜・副菜にあたる栄養がとれる。
- しらすはツナやハム、野菜はブロッコリーや玉ねぎでも代用できる。

## そのほか

| | |
|---|---|
| キャンディチーズ | 2個 |
| マスカット（皮をむいて半分に切り、タネを除いてもOK） | 2個 |

---

エネルギー／344kcal　タンパク質／8.8g　脂質／7.4g

# カルシウムたっぷり！ ご飯おやきべんとう

ご飯とおかずを混ぜてパクッと食べやすく。好みの食材で簡単にでき、おべんとうに慣れない時期にもおすすめ。青のりはビタミン・ミネラル豊富で風味もよい便利素材です。

### 朝がラク！ 前日にできる下準備

- 野菜をゆで、水気をきって刻む（作り方 1）、たれを作る（作り方 3）

ご飯がメインのおべんとう

エネルギー／351kcal　　タンパク質／9.1g　　脂質／7.7g

# のり巻きべんとう

巻きすを使わず、好みの具を巻いてできるのり巻きは、小さいおにぎりを作るよりも簡単です。豆や根菜、りんごなど、よくかんで食べる素材もとり入れていきましょう。

**朝がラク！**
### 前日にできる下準備

- のり巻き……………………すし酢を作る（P75参照）、のり巻きの具を煮る（作り方①）
- 豚肉とれんこんのカレー炒め………完成OK！※冷蔵保存し、翌朝再び加熱
- 金時豆のメープルシロップ煮………完成OK！※冷蔵保存し、翌朝再び加熱

20

## のり巻き

### 材料 1人分（234kcal）
ご飯……………………… 120g
すし酢（P75参照、市販でもOK）
…………………………… 小さじ1
焼きのり（全型）………… 2/3枚
高野豆腐………………… 1/8枚
にんじん（1cm輪切り）… 1枚（10g）
いんげん………………… 2本
A
　麺つゆ（P75参照、市販でもOK）
　…………………………… 小さじ2
　水………………………… 1/2カップ
　塩………………………… 少々

### 作り方
1. ぬるま湯に浸してもどした高野豆腐を1cm角の棒状に切り、にんじんは太めのせん切りにする。鍋にAを混ぜて沸騰させ、高野豆腐、にんじん、端を除いて半分に切ったいんげんを入れ、煮汁がほとんどなくなるまで煮る。
2. ご飯にすし酢を混ぜて冷ます。
3. ラップにのりを横長にのせ、2をのりの上端2cmを残して広げる。手前に煮汁をきった1を並べ（写真ⓐ）、具を押さえながら手前を持ち上げて1周巻く（写真ⓑ）。軽く押さえ、最後まで巻いてラップで包み、丸く整える。
4. のりがなじむまで1分ほどおいたらラップをはがし、水で湿らせた包丁で6等分に切る（一度切るごとに包丁をキッチンペーパーなどで拭くときれいにカットできる）。

### arrange recipe
**裏巻き**

**材料 1人分（186kcal）**
半分に切ったのりをラップにのせ、すし酢を混ぜたご飯100gをのりの上端1cmを残して広げ、白いりごま適量を全体に振る。ラップの上で裏返してご飯の上にのりがのっている状態にしたら、手前に好みの具（かに風味かまぼこ1本、きゅうり細切り4本など）を置いて巻き、6等分に切る。

### おすすめ食材

**高野豆腐**
タンパク質が豊富で野菜との相性もよく、調味料で煮ると味がしみこみます。のり巻きの具にすることで子どももパクッと食べやすく、とらせたい栄養素を無理なく補えます。

**金時豆**
炭水化物や食物繊維、ビタミン、ミネラルがバランスよく含まれています。甘く煮ると箸休めになり、まとめて煮て冷凍保存もできます。市販の水煮を使ってもOK。

## 豚肉とれんこんの カレー炒め

### 材料 1人分（92kcal）
豚こま切れ肉…………… 大さじ1と1/2（20g）
れんこん（1cm輪切り）… 1枚（15g）
A
　麺つゆ（P75参照、市販でもOK）
　…………………………… 小さじ1
　水………………………… 小さじ2
　カレー粉………………… 少々
ごま油…………………… 小さじ1/2

### 作り方
1. れんこんは皮をむき、薄いいちょう切りにする。
2. ごま油を熱したフライパンで豚肉を炒め、色が変わったら1を入れ、ツヤが出るまで炒める。
3. 混ぜたAをまわし入れ、全体にからめて火を止める。

## 金時豆の メープルシロップ煮

### 材料 1人分（26kcal）
金時豆の薄甘煮（P73参照）
…………………………… 大さじ1
メープルシロップ
（はちみつを湯少々でのばした
ものでもOK）…… 小さじ1

### 作り方
1. 金時豆の薄甘煮の煮汁をきって耐熱容器に入れ、メープルシロップを混ぜ、ラップをせずに電子レンジで30秒ほど加熱し、ひと混ぜして冷ます。

## そのほか

りんご……………………… 1/12個
※半分に切る。

ご飯がメインのおべんとう

| エネルギー／346kcal | タンパク質／11.8g | 脂質／9.5g |

## ビビンパべんとう

焼き肉とナムルを混ぜたスタミナご飯は栄養バランスもよく、苦手な野菜もモリモリ食べられます。具はひき肉、ピーマンなどを入れてもOK。副菜にはサラダなどさっぱりとしたおかずを添えましょう。

**朝がラク！**

### 前日にできる下準備

- ビビンパ……………………………具をそれぞれ作る（作り方 1、2、3）
- かまぼことわかめの春雨サラダ………わかめと春雨をゆでる（作り方 1）

## ビビンパ

**材料 1人分（311kcal）**

| | |
|---|---|
| ご飯 | 100g |

〈ナムル〉

| | |
|---|---|
| にんじん（2cm輪切り） | 1枚（20g） |
| ほうれんそう | 3本（15g） |
| 塩 | 少々 |
| ごま油 | 小さじ1/4 |
| 白いりごま | 小さじ1/2 |

〈いり卵〉

| | |
|---|---|
| 卵 | 1/2個分 |
| 塩 | 少々 |
| サラダ油 | 小さじ1/4 |

〈焼き肉〉

| | |
|---|---|
| 牛肩ロース薄切り肉 | 1枚（20g） |
| A しょうゆ | 小さじ1 |
| 　 砂糖 | 小さじ1/2 |
| ごま油 | 小さじ1/4 |

**作り方**

1. 〈ナムル〉フライパンににんじんとかぶるくらいの水を入れてゆでる（写真）。火が通ったらほうれんそうも加えてゆで、ざるにあける。ほうれんそうは水洗いしてしぼり、長さ1cmに刻んで水気をきる。にんじんと合わせて塩、ごま油、白いりごまを混ぜる。

2. 〈いり卵〉溶き卵に塩を混ぜ、サラダ油を熱したフライパンに入れ、箸で混ぜていり卵にする。

3. 〈焼き肉〉1cm幅に切った牛肉にAをもみこみ、ごま油を熱したフライパンで汁気がなくなるまで炒める。

4. ご飯に1、2、3を混ぜ、軽く塩（分量外）を振る。

**Point**
- ビビンパのように数種類の具材を作る場合、フライパンが汚れないものから順に加熱すれば、1つのフライパンで調理できる。
- 混ぜご飯の具は、余分な水分でご飯がべとつかないよう、汁気の出る具は煮つめて汁気をとばして。

## かまぼことわかめの春雨サラダ

**材料 1人分（35kcal）**

| | |
|---|---|
| カットわかめ（乾燥） | 小さじ1 |
| 春雨 | 3g |
| きゅうり | 2cm（10g） |
| かに風味かまぼこ | 1本 |
| すし酢（P75参照、市販でもOK） | 小さじ1/2 |
| サラダ油 | 小さじ1/4 |

**作り方**

1. わかめと春雨をゆで、ざるにあけて流水で冷まし、水気をきってざく切りにする。

2. きゅうりは短冊切りにし、塩少々（分量外）を振ってもむ。

3. 水気をきった1と2、食べやすく切ったかに風味かまぼこ、すし酢、サラダ油を混ぜ合わせる。

**Point**
水分が出やすいサラダやあえものはしっかり水気をきることが大切。わかめや春雨など水分を吸う効果のある食材を混ぜるのもおすすめ。

ご飯がメインのおべんとう

エネルギー／364kcal　タンパク質／13.7g　脂質／11.4g

# オムライス べんとう

時短レシピ

ケチャップ味の混ぜご飯を卵で包んだ人気メニューはおべんとうにもぴったり。具を電子レンジで作ればさらにスピードアップ！

**朝がラク！**

## 前日にできる下準備

- オムライス……………ケチャップライスの具を作る（作り方 1）
- そのほか………………ブロッコリーを塩ゆでする

## オムライス

**材料 1人分（355kcal）**

ご飯……………………100g
ロースハム（スライス）…1枚
玉ねぎ…………………1/8個（25g）
ミックスベジタブル（冷凍）
　………………………1/4カップ（20g）

A ｜ バター（またはサラダ油）
　｜　…………………小さじ1/2
　｜ ケチャップ………大さじ1
　｜ 塩………………少々

卵………………………1個
牛乳……………………小さじ2
塩………………………少々
サラダ油………………小さじ1/2

**作り方**

1 耐熱ボウルにみじん切りにした玉ねぎ、ミックスベジタブル（凍ったまま）を入れ、ラップをして電子レンジで1分加熱する。1cm角に切ったハムとAを加え、再び30秒ほど加熱し、ご飯に混ぜる。

2 サラダ油を熱したフライパンに、牛乳と塩を混ぜた溶き卵を入れて薄く広げる。弱火でほぼ火が通るまで焼き、裏返してサッと焼く。

3 1をラップで包んで軽くにぎり、べんとう箱に移す。2をのせて形を整え、包丁で切れ目を入れる。

## そのほか

ブロッコリー（塩ゆで）…小房1個
ミニトマト……………1個
※それぞれ2等分に切る。

**POINT** 肉や卵、野菜をバランスよくとれる1品メニュー。冷凍野菜を使っているので、レンジ加熱で野菜調理も簡単。

## カレーライス

### 材料 1人分（385kcal）
| | |
|---|---|
| ご飯 | 120g |
| 豚こま切れ肉 | 大さじ2(30g) |
| 玉ねぎ | 1/8個(25g) |
| にんじん（3cm輪切り） | 1枚(30g) |
| じゃがいも | 1/4個(30g) |
| サラダ油 | 小さじ1/2 |
| 水 | 3/4カップ |
| A バター | 小さじ1 |
| A 薄力粉 | 小さじ2 |
| B 中濃ソース、しょうゆ | 各小さじ1 |
| B ケチャップ | 小さじ1/2 |
| B 砂糖、塩、カレー粉 | 各小さじ1/4 |

### 作り方
1 サラダ油を熱した鍋に豚肉、薄切りにした玉ねぎ、いちょう切りにしたにんじんを加え、肉の色が変わるまで炒める。ひと口大に切ったじゃがいも、水を入れて煮る。

2 耐熱ボウルに **A** を入れ、ラップをして電子レンジで20秒ほど加熱して混ぜ、**B**、**1** の煮汁1/4カップを少しずつ混ぜて **1** に戻し、とろみがつくまで煮る。

3 べんとう箱にご飯の半量を敷いて **2** をのせ、残りのご飯をのせる。

## キャベツとりんごのサラダ

### 材料 1人分（17kcal）
| | |
|---|---|
| キャベツ | 1/2枚(25g) |
| りんご | 1/8個 |
| レモン汁 | 小さじ1/2 |
| 塩 | 少々 |

### 作り方
1 キャベツはサッとゆでて水気をきり、2cm角に切ってレモン汁、塩を混ぜる。りんごはいちょう切りにし、薄い塩水にくぐらせ水気をきる。

2 キャベツとりんごを重ね、ピックで刺す。これを3個作る。

**Point**
キャベツはゆでて食べやすく。水分が出るので別の密閉容器に入れると安心。

---

エネルギー／402kcal　タンパク質／11.1g　脂質／9g

# カレーライスべんとう

手作りルウのお子さまカレーは、冷めても油脂がザラつくことなく、おいしく食べられます。ふたにソースがつかないよう、ご飯ではさむように詰めるのがポイント。

### 朝がラク！ 前日にできる下準備
- カレーライス……………カレーを作る（作り方 **1**、**2**）
- キャベツとりんごのサラダ……キャベツをゆでて切る（作り方 **1**）

パンがメインのおべんとう

エネルギー／347kcal　タンパク質／13.3g　脂質／11.4g

# サンドイッチべんとう

好みのパンと具でいろいろなアレンジが楽しめるサンドイッチに、さっぱりフルーツを添えて見た目もかわいく、食べやすいおべんとうに。気温の高い日は保冷剤をつけて。

**朝がラク！**
## 前日にできる下準備

- ささみときゅうりのサンドイッチ……… 鶏ささみを加熱する（作り方 **1**）
- かぼちゃロールサンド……… かぼちゃを加熱してつぶす（作り方 **1**）

## ささみときゅうりのサンドイッチ

**材料1人分（184kcal）**

サンドイッチ用食パン … 2枚
鶏ささみ（ツナでもOK）… 1/2本（30g）
きゅうり ………………… 2cm（10g）
塩 ………………………… 少々
マヨネーズ ……………… 小さじ1
白すりごま ……………… 小さじ1/2
バター …………………… 小さじ1/2

**作り方**

1. 耐熱皿に薄く切った鶏ささみをのせ、水大さじ1（分量外）、塩を振り、ラップをして電子レンジで1分ほど加熱する。そのまま冷まし、汁気をきってほぐす。
2. せん切りにしたきゅうりに塩少々（分量外）を混ぜ、水気をきる。1、マヨネーズ、白すりごまを混ぜる。
3. 薄くバターをぬったパン1枚に2をのせて広げ（写真ⓐ）、もう1枚ではさむ。ラップで包んで5分ほどおいてからパン切り包丁で4等分に切る（写真ⓑ）。

**Point**

- やわらかくしたバターやマーガリンを薄くぬれば、具の水分がパンにしみこみにくい。
- きゅうりやレタスなどの生野菜はキッチンペーパーなどでしっかり水気をきってからパンではさむで。

## かぼちゃロールサンド

**材料1人分（97kcal）**

サンドイッチ用食パン … 1枚
かぼちゃ（4cm角）……… 1個（20g）
バター …………………… 小さじ1/4
牛乳 ……………………… 小さじ1
砂糖、塩 ………………… 各少々
レーズン（あれば）……… 小さじ1

**作り方**

1. かぼちゃをラップで包み、電子レンジで1分ほど加熱する。皮をとり、端をねじって指先でもんでつぶす。 
2. 1のラップを広げて茶碗などにのせ、バター、牛乳、砂糖、塩を混ぜてペースト状にする。
3. 新しいラップの上にパンをのせ、2を巻き終わり1cmを残してぬる。手前にレーズンを並べて芯にして巻き、ラップで包んで両端をねじり、5分ほどおく。ラップをはずして3等分に切る。

## フルーツのはちみつレモンマリネ

**材料1人分（54kcal）**

りんご …………………… 1/6個
キウイ …………………… 1/2個
はちみつ ………………… 小さじ1
レモン汁 ………………… 小さじ1/2
塩 ………………………… 少々

**作り方**

1. りんごとキウイは皮をとり、2cm角に切る。
2. はちみつ、レモン汁、塩を混ぜ、1をあえて冷蔵室で10分ほど冷やす。水気をきっておかずカップに入れる。

### arrange recipe
**ポケットサンド**

**材料1人分（135kcal）**

食パン6枚切り1/2枚（耳つき）を半分に切り、厚みに切りこみを入れる。卵焼き（卵1/2個分）、ロースハム（スライス）1枚分を詰め、ケチャップ適量をかける。

パンがメインのおべんとう

エネルギー／381kcal　タンパク質／12.4g　脂質／17.8g

# ホットドッグ べんとう

時短レシピ

簡単なのに満足感たっぷり！ フライやオムレツなどをはさんだり、食べやすいように半分にカットしてもいいでしょう。パンの量も子どもに合わせて調整して。

## ホットドッグ

**材料1人分（318kcal）**

| | |
|---|---|
| ロールパン | 2個 |
| キャベツ | 1/2枚（25g） |
| 塩 | 少々 |
| ウインナーソーセージ | 2本 |
| サラダ油 | 小さじ1/2 |
| ケチャップ | 小さじ2 |

**作り方**

1. キャベツを長さ1.5cmのせん切りにし、フライパンで混ぜながら軽く加熱して塩を振り、とり出す。フライパンにサラダ油と、斜めに切りこみを入れたウインナーソーセージを入れて炒め、ケチャップをからめる。
2. 切りこみを入れたパンに1をはさむ。

## アスパラチーズソテー

**材料1人分（29kcal）**

| | |
|---|---|
| グリーンアスパラ | 1本 |
| サラダ油 | 小さじ1/2 |
| 粉チーズ | 小さじ1 |

**作り方**

1. アスパラは下1/3の皮をピーラーでむき、5等分に切る。
2. サラダ油を熱したフライパンで1を炒め、粉チーズを振る。

## ミニトマト＆パイナップル

**材料1人分（34kcal）**

| | |
|---|---|
| ミニトマト | 2個 |
| パイナップル（輪切り、缶詰でもOK） | 1枚 |

**作り方**

1. ミニトマトはヘタをとって半分に切り、パイナップルはひと口大に切って合わせてカップに入れる。

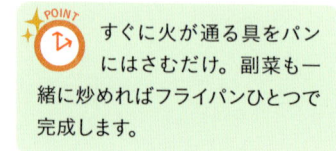

### 朝がラク！ 前日にできる下準備

- ホットドッグ……………キャベツとウインナーを切る
- アスパラチーズソテー………グリーンアスパラを切る（作り方1）

**POINT** すぐに火が通る具をパンにはさむだけ。副菜も一緒に炒めればフライパンひとつで完成します。

## 野菜蒸しパン

### 材料 1人分（262kcal）
- かぼちゃ（蒸して皮を除き、つぶしたもの） ………… 大さじ1
- A
  - 砂糖、サラダ油 …… 各小さじ1
  - 牛乳（または豆乳） ………… 大さじ2
- B
  - 薄力粉 ………… 40g
  - ベーキングパウダー … 小さじ1/2
- 枝豆（むき、冷凍でもOK）… 10粒
- ロースハム（スライス） …… 1枚

### 作り方
1. ボウルにかぼちゃとAを混ぜ、Bをふるい入れて混ぜる。耐熱カップに8分目ほど入れ、枝豆、角切りのハムをのせる。
2. 蒸気の上がった蒸し器に並べ、強火で10分ほど蒸す。

#### Point
- 蒸し器がない場合は高さ2cmほどの湯を沸かした鍋に、耐熱容器に入れた生地を並べ、ぬれふきんでくるんだふたをして強火で10分加熱する。
- 蒸しパンと蒸し野菜を同時に蒸すと時短に。火の通りが早いかぼちゃやブロッコリーは先にとり出して。

## 蒸し野菜くるみみそ添え

### 材料 1人分（116kcal）
- にんじん（2cm輪切り） …… 1枚（20g）
- さつまいも（3cm輪切り） … 1枚（30g）
- ブロッコリー ………… 小房1個（20g）
- くるみ ………… 1かけ
- みそ ………… 小さじ1/2
- はちみつ ………… 小さじ1

### 作り方
1. にんじん、さつまいもは厚さ1cmの輪切りにし、さつまいもは水にさらす。ブロッコリーはひと口大に切る。蒸し器に並べ、火が通るまで蒸す。
2. みじん切りにしたくるみにみそ、はちみつを混ぜ、1に添える。

## そのほか
- みかん ………… 1/2個

---

| エネルギー／392kcal | タンパク質／10.7g | 脂質／11.3g |

# 野菜蒸しパンべんとう

ふんわりしっとり蒸しパンは、具を工夫すれば栄養バランスのよいおかずパンに！ 同じ生地をフライパンに広げ、ふたをして焼けばパンケーキにもなります。

### 朝がラク！
#### 前日にできる下準備
- 蒸しパンと蒸し野菜の野菜を蒸す
- 蒸し野菜くるみみそ添え ……… くるみみそを作る（作り方2）

麺がメインのおべんとう

| エネルギー／327kcal | タンパク質／13g | 脂質／7.7g |

# 焼きそばべんとう

汁気のない麺料理は冷めてもおいしく、おべんとう向きです。えび、卵などタンパク質や野菜もしっかり入れて。ものたりない場合は、パンやおにぎり、いものおかずなどを添えて。

## 朝がラク！
### 前日にできる下準備
- シーフードソース焼きそば……野菜と麺を切る（作り方 **1**、**3**）
- ゆで卵……………………完成OK! ※殻はむかず、冷蔵保存

## シーフードソース焼きそば

**材料1人分（285kcal）**
焼きそば用中華麺………2/3玉（100g）
むきえび（冷凍でもOK）… 5尾
にんじん（2cm輪切り）… 1枚（20g）
玉ねぎ……………………1/8個（25g）
キャベツ …………………1/3枚（15g）
サラダ油 …………………適量
中濃ソース ………………大さじ1
塩、青のり ………………各少々

**作り方**
1. えびは背のほうに切りこみを入れ、あれば背ワタをとる。キャベツとにんじんは長さ3cmの短冊切りに、玉ねぎは長さ3cmの薄切りにする。
2. サラダ油を熱したフライパンににんじん、玉ねぎを入れて炒め、しんなりしたらえび、キャベツを入れて火が通るまで炒める。
3. 麺は長さを半分に切ってラップで包み、電子レンジで50秒ほど加熱する。**2** に加えて炒め、ソース、塩を混ぜ、青のりを振る。

### Point
焼きそば麺は冷たいまま炒めるとかたくなり、具と合わせてから水を加えるとベタッとしてしまうので、あらかじめ温めておく。

## ゆで卵

**材料1人分（卵1/2個分、38kcal）**
卵……………………………1個
塩……………………………少々

**作り方**
1. 小鍋に卵を入れ、かぶるくらいの水を入れ、酢小さじ1（分量外）を加える（殻のひび割れを防ぐため）。
2. ふたをして強火にかけ、沸騰したら弱火にして10分ほど加熱する。すぐに冷水にとって冷まし、殻をむく。半分に切り、塩を振る（おべんとうには1/2個使用）。

## そのほか

ミニトマト ………………1個

## 大豆入りミートソーススパゲッティ

**材料 1人分（346kcal）**

- 合びき肉 ………… 大さじ2 (30g)
- 大豆（水煮）……… 大さじ1と1/2 (15g)
- 玉ねぎ …………… 1/6個 (35g)
- エリンギ ………… 1/4本 (10g)
- A
  - ケチャップ ……… 大さじ1
  - 薄力粉、サラダ油、中濃ソース ……… 各小さじ1
  - しょうゆ ………… 小さじ1/2
  - 塩、こしょう …… 各少々
  - 水 ………………… 大さじ3
- スパゲッティ …… 40g
- 粉チーズ、パセリ（みじん切り） ……… 各適量

**作り方**

1. 大豆、玉ねぎ、エリンギはみじん切りにしてボウルに入れ、ひき肉、Aを加えてよく混ぜる。ラップをして電子レンジで5分ほど加熱して混ぜる。
2. 鍋に湯を沸かし、塩ひとつまみ（分量外）を加え、半分に折ったスパゲッティをゆでる。ざるにあけて水気をきり、サラダ油少々（分量外）を混ぜる。
3. べんとう箱に 2 を盛り、1 をかけ、粉チーズ、パセリを振る。

## そのほか

- デラウェア（好みのフルーツでもOK） ……… 1/3房 (30g)

**POINT**
ソースは材料を混ぜて電子レンジで加熱します。スパゲッティも早ゆでや細めのものを半分に折ると時短になります。

---

**エネルギー／364kcal　タンパク質／15.3g　脂質／12.1g**

# 大豆入りミートソーススパゲッティべんとう

人気のパスタメニューも大豆や野菜を加えれば栄養価がさらにアップ。果物などデザートを添えれば飽きずに食べきれます。

**時短レシピ**

**朝がラク！**
**前日にできる下準備**
- ミートソースを作る（作り方 1）

麺がメインのおべんとう

エネルギー／343kcal　タンパク質／10.9g　脂質／11.7g

# 焼きうどんべんとう

時短レシピ

和風しょうゆ味であっさりの焼きうどんは、ビタミン・ミネラル豊富なチンゲンサイや赤ピーマンなど、火の通りやすい野菜でカラフルに。さつまいもを添えてボリュームアップ！

## 焼きうどん

**材料1人分（273kcal）**

- うどん（ゆで）……………2/3玉(120g)
- 豚もも薄切り肉 …………1枚(30g)
- チンゲンサイ ……………2枚(25g)
- 長ねぎ（白い部分）………4cm(25g)
- 赤ピーマン（パプリカでもOK）
  　………………………1/6個(10g)
- ごま油……………………小さじ2
- しょうゆ…………………小さじ1
- 塩…………………………少々
- 削り節……………………適量

**作り方**

1. 豚肉、チンゲンサイは1cm幅に切る。長ねぎはみじん切りに、赤ピーマンは長さ2cmのせん切りにする。
2. ごま油を熱したフライパンで豚肉を炒め、色が変わったら赤ピーマン、長ねぎ、チンゲンサイの順に炒める。
3. 長さを半分程度に切ったうどんを**2**に入れてほぐし、しょうゆ、塩を加えて混ぜ、削り節を振る。

## さつまいもプルーン煮

**材料1人分（70kcal）**

- さつまいも（3cm輪切り）……1枚(30g)
- ドライプルーン（タネなし）…1個
- 砂糖………………………小さじ1/2
- 塩…………………………ひとつまみ

**作り方**

1. さつまいもは厚めの半月切りにし、水にさらす。
2. ひたひたの水で**1**をゆで、半分に切ったプルーン、砂糖、塩を加え、汁気がほとんどなくなるまで煮る。

### おすすめ食材

**プルーン**

鉄分やカリウム、食物繊維が豊富。煮るとやわらかくなり、全体に甘みが広がります。

**POINT** ゆでうどんやさつまいもは短時間で火が通ります。

### 朝がラク！ 前日にできる下準備

- 焼きうどん……………豚肉と野菜を切る（作り方**1**）
- さつまいもプルーン煮………完成OK！※冷蔵保存し、翌朝再び加熱

## マカロニグラタン

**材料 1人分（298kcal）**

- 玉ねぎ …………………… 1/8個(25g)
- にんじん(1cm輪切り)…… 1枚(10g)
- ウインナーソーセージ … 2本(30g)
- えのき …………………… 3本(5g)
- バター …………………… 小さじ1と1/2
- 薄力粉 …………………… 大さじ1と1/2
- 牛乳(または豆乳)……… 3/4カップ
- 塩 ………………………… 小さじ1/4
- こしょう ………………… 少々
- マカロニ ………………… 20g
- ブロッコリー …………… 小房1個(20g)
- パン粉、粉チーズ ……… 各適量

**作り方**

1. 玉ねぎとにんじんは長さ2cmのせん切りに、ウインナーソーセージとえのきは1cm幅に切る。
2. 沸騰した湯でマカロニをゆで、ざるにあける。
3. バターを溶かしたフライパンで **1** を炒め、薄力粉を振る。牛乳を少しずつ加えて混ぜ、とろみがついたら **2**、塩、こしょうを加えて混ぜる。
4. 耐熱容器にクッキングシートを敷いて **3** を入れる。ゆでて3等分にしたブロッコリーをのせ、パン粉、粉チーズを振り、トースターで焼き色がつくまで焼く。

## そのほか

- ロールパン ……………… 1個
- いちご(ヘタをとる)…… 3個

---

**エネルギー／407kcal**　**タンパク質／13.6g**　**脂質／17.5g**

# マカロニグラタンべんとう

そのまま持っていける耐熱容器があればベストですが、クッキングシートで型を作って焼き、おべんとう箱に移してもOK。ご飯にソースをかけて焼くとドリアになります。

### 朝がラク！
**前日にできる下準備**

- 具入りソースとゆでマカロニをそれぞれ作る（作り方 **1**、**2**、**3**）
- 耐熱容器に合わせてクッキングシートを切る

肉がメインのおべんとう

エネルギー／360kcal　タンパク質／11.2g　脂質／8.8g

# から揚げべんとう

おべんとうおかずの代表選手。外側はカリッと、中はジューシーに仕上げる揚げ方をマスターしましょう。いも類や野菜を一緒に揚げれば、副菜も同時にできます。

**朝がラク！**
## 前日にできる下準備

- 鶏から揚げ＆さつまいもの素揚げ…鶏肉に下味をつける（作り方 **1**）、さつまいもを切って水にさらす（作り方 **2**）
- にんじんサラダ……………………完成OK！※冷蔵保存

## 鶏から揚げ＆さつまいもの素揚げ

### 材料 1人分（136kcal）
鶏もも肉（から揚げ用、皮なし）
　……………1と1/2切れ（40g）
麺つゆ（P75参照、市販でもOK）
　………………………小さじ1
塩………………………………少々
片栗粉、サラダ油
　……………………………各適量
さつまいも（1.5cm輪切り）
　…………………… 1枚（20g）

### まとめ作りで保存
**保存期間：冷蔵で2〜3日、冷凍で2〜3週間**
キッチンペーパーを敷いた密閉容器に並べてふたをする。
【解凍】耐熱皿にのせ、ラップをして電子レンジで加熱する。

### 作り方
1 鶏肉はひと口大に切り、ポリ袋に入れて麺つゆ、塩を加えて混ぜて10分ほどおく。

※写真はまとめ作りしやすい量（分量の約4倍）。

2 さつまいもは厚さ半分の半月切りにして水にさらし、水気を拭きとる。

3 1に片栗粉を入れて振り混ぜ、薄くまぶす。フライパンに高さ2〜3cm程度のサラダ油を温めて2と鶏肉を並べ、低温〜中温で1分30秒ほど揚げて鶏肉をとり出し、2分ほどおく。さつまいもは火が通ったらとり出す。鶏肉を戻して高温で40秒ほど揚げる。

### Point
- 下味にすりおろしたにんにくやしょうがを少量使うとおいしさアップ。
- 鶏肉は低温から揚げてとり出し、余熱で火を通して、最後は高温で揚げる「二度揚げ」をすれば、外はカリッと、中はジューシーに仕上がる。
- 少量の油で揚げるときは、食材を入れると一気に油の温度が下がり、高温にすると焦げたり、ベタっとしてしまうので注意して。

### 【油の温度の目安】

|  | 菜箸を入れてみて |
| --- | --- |
| 低温 150〜160度 | 箸先に泡がぽつぽつできる |
| 中温 170度 | 細かい泡の列ができる |
| 高温 180〜200度 | 泡がたくさん出てきて広がる |

### arrange recipe
### ねぎ塩肉じゃが
**材料 1人分（108kcal）**
じゃがいも1/4個（30g）はひと口大に、にんじん1.5cm輪切り（15g）はいちょう切りにし、だし汁適量で煮る。から揚げ2切れを小さく切り、みじん切りにした長ねぎ2cm分（15g）、塩と砂糖各小さじ1/4を入れ、汁気がなくなるまで煮る。

## わかめおにぎり

### 材料 1人分（172kcal）
ご飯……………………………100g
カットわかめ（乾燥）、
　白いりごま ……… 各小さじ1/2

### 作り方
1 わかめを細かく砕きながら温かいご飯に混ぜ、白いりごまを指でひねりながら振る。

2 ラップで1の半量を包んで、丸くにぎる。これを2個作る。

## にんじんサラダ

### 材料 1人分（47kcal）
にんじん……………… 1/5本（30g）
レーズン……………………… 3粒
A｜すし酢
　（P75参照、市販でもOK）
　………………………小さじ1/2
　｜サラダ油 …………小さじ1/2

### 作り方
1 にんじんはピーラーで薄くむき、長さ4cmの薄切りにする。沸騰した湯でサッとゆで、ざるにあける。

2 刻んだレーズン、Aを混ぜ合わせ、1をあえる。

## そのほか
ミニトマト ………………… 1個
サラダ菜……………………… 1枚

肉 がメインのおべんとう

エネルギー／353kcal　　タンパク質／13g　　脂質／9.5g

# ハンバーグべんとう

大好きなハンバーグに野菜をたっぷり加えれば、副菜は軽めでOK。不足しがちなカルシウム、鉄分、食物繊維などの補給に、ストックできる冷凍枝豆や乾物類が大活躍です。

**朝がラク！**

## 前日にできる下準備

- 野菜と麩入りハンバーグ……野菜を刻んで加熱する（作り方1）
- 枝豆マッシュポテト…………じゃがいもを切って加熱する（作り方1）、枝豆をゆでてさやからとり出す
- 切り干し大根ツナ煮…………完成OK！※冷蔵保存し、翌朝再び加熱

## 野菜と麩入りハンバーグ

**材料1人分（136kcal）**

合びき肉 …………… 大さじ2 (35g)
玉ねぎ ……………… 1/10個 (20g)
にんじん（5mm輪切り）… 1枚 (5g)
小町麩 ……………… 3個 (2g)
牛乳（または豆乳）…… 小さじ1
塩、こしょう ………… 各少々
サラダ油 …………… 適量
A｜ケチャップ ………… 小さじ1
　｜中濃ソース ………… 小さじ1/2

### まとめ作りで保存

**保存期間：冷蔵で2〜3日、冷凍で2〜3週間**

1回分ずつラップに包む。冷蔵ならそのまま、冷凍はバットにのせて凍らせてからジッパーつき袋に入れる。
【解凍】ラップごと耐熱皿にのせ、電子レンジで加熱する。

### arrange recipe
**野菜甘酢あん**

**材料1人分（141kcal）**

にんじん5mm輪切り1枚（5g）、いんげん1本を5mm角に切ってゆでる。鍋に麺つゆ小さじ1（P75参照、市販でもOK）、酢と砂糖と片栗粉各小さじ1/4を混ぜて入れ、とろみがつくまで煮る。ひと口大に切ったハンバーグ2個、ゆでた野菜を加えてからめる。

**作り方**

1. 玉ねぎ、にんじんはみじん切りにし、ラップをして電子レンジで40秒ほど加熱する。
2. 麩を砕いて牛乳を混ぜる。ひき肉、1、塩、こしょうを加えてよく混ぜ、2等分にして丸める。
3. サラダ油を熱したフライパンに2を並べ、ふたをして1分ほど焼く。裏返してさらに1分ほど焼き、熱湯大さじ1を注いで（写真）蒸し焼きにし、水分がなくなったら火を止め、混ぜたAをぬる。

※写真はまとめ作りしやすい量（分量の約4倍）。

**Point**
- 加熱した野菜を混ぜて小さく丸め、最後に水分を加えて蒸し焼きにすれば焼きすぎが防げ、ふんわりジューシーな仕上がりに。
- まとめて作るときはポリ袋に入れてこね、端を切ってしぼり出すと効率的。

### おすすめ食材
**麩**

麩は小麦のタンパク質（グルテン）で、低脂肪・高タンパクで子どもにも食べさせたい食品。乾燥の麩を砕いて卵やパン粉のかわりにつなぎとして使えば、かさ増しにもなってふんわりとした食感に仕上がります。

## 枝豆マッシュポテト

**材料1人分（34kcal）**

じゃがいも ………………… 1/4個 (30g)
枝豆（ゆで、むき）………… 8粒
牛乳（または豆乳）……… 小さじ1
塩 …………………………… 少々

**作り方**

1. じゃがいもはいちょう切りにし、ラップをして電子レンジで1分ほど加熱する。
2. 枝豆、牛乳を1に加えてさらに30秒ほど加熱する。
3. じゃがいもをフォークでつぶし、塩を混ぜる。

## 切り干し大根ツナ煮

**材料1人分（15kcal）**

切り干し大根（乾燥）… 小さじ2 (2g)
にんじん（厚さ5mmの薄切り）
　…………………………… 1枚 (5g)
ツナ缶（ノンオイル）… 小さじ1
ツナ缶の汁 …………… 小さじ2
小松菜 ………………… 1/2本 (5g)
しょうゆ ……………… 小さじ1/4

**作り方**

1. 切り干し大根はぬるま湯でもどして長さ2cmに切る。せん切りにしたにんじんと合わせてゆでてざるにあける。
2. 鍋に1、ツナと汁、1cm幅に切った小松菜を入れ、汁気がなくなるまで煮る。

## そのほか

ご飯 ……………………………… 100g
好みのふりかけ ………………… 適量

肉がメインのおべんとう

エネルギー／375kcal　タンパク質／11.1g　脂質／11.2g

# ポークソテーべんとう

火を通す時間もかかり、かたくてかみにくい厚切り肉のかわりに、野菜やきのこを合わせた薄切り肉を丸めて焼くアイデアレシピです。型抜きしたご飯も食べやすくてかわいい！

### 朝がラク！
**前日にできる下準備**

- 玉ねぎときのこ入りポークソテー……豚肉、玉ねぎ、エリンギを切る（作り方 **1**）
- しらすと青菜のパスタソテー…………スパゲッティをゆでる（作り方 **1**）、チンゲンサイを切る（作り方 **2**）
- かぼちゃサラダ………………………かぼちゃを切って加熱する（作り方 **1**）

## 玉ねぎときのこ入り ポークソテー

**材料1人分（114kcal）**

| | |
|---|---|
| 豚肩ロース薄切り肉 | 2枚(30g) |
| 玉ねぎ | 1/10個(20g) |
| エリンギ | 1/8本(5g) |
| 塩、こしょう | 各少々 |
| 水 | 小さじ1/2 |
| 薄力粉 | 小さじ1 |
| サラダ油 | 小さじ1/2 |

**作り方**

1. 豚肉は半分に切り、玉ねぎは長さ3cmの薄切りに、エリンギは長さ3cmのせん切りにする。
2. 1に塩、こしょう、水、薄力粉を混ぜ、2等分にして小判形にまとめる。

※写真はまとめ作りしやすい量（分量の約4倍）。

3. サラダ油を熱したフライパンに2を並べ、両面が色づくまで焼く。

### column
**カルシウムを上手に補給して**

昆布やチンゲンサイ、しらす干し、パセリ、ごまなど、骨の形成に欠かせないカルシウムが豊富な食品を意識してとり入れましょう。子どもが好きな料理に加えるのがポイント。

---

### まとめ作りで保存
**保存期間：冷蔵で2～3日、冷凍で2～3週間**

おかずカップにのせ、密閉容器に並べてふたをする。
【解凍】おかずカップごと耐熱皿にのせ、ラップをして電子レンジで加熱する。

### arrange recipe
**ポークピカタ**
**材料1人分（145kcal）**

ポークソテー2個に薄力粉を薄くまぶし、溶き卵1個分にくぐらせ、サラダ油適量を熱したフライパンで焼く。ケチャップ適量を添える。

---

## しらすと青菜の パスタソテー

**材料1人分（42kcal）**

| | |
|---|---|
| スパゲッティ（太さ1.4mmのもの） | 10本(5g) |
| チンゲンサイ | 1枚(15g) |
| しらす干し | 小さじ1 |
| サラダ油、しょうゆ、塩 | 各少々 |

**作り方**

1. スパゲッティは4つに折ってゆで、ざるにあける。
2. チンゲンサイを1cm幅に切り、サラダ油を熱したフライパンで炒める。しらす干し、1を加え、しょうゆ、塩を加えて混ぜる。

## 型抜きおにぎり

**材料1人分（172kcal）**

| | |
|---|---|
| ご飯 | 100g |
| 昆布佃煮(P74参照、市販でもOK) | 適量 |

**作り方**

1. ご飯を3等分にし、水でぬらした抜き型に詰めて抜く。刻んだ昆布佃煮を中心にのせる。

## かぼちゃサラダ

**材料1人分（47kcal）**

| | |
|---|---|
| かぼちゃ（厚さ2cm×4cm幅） | 1個(30g) |
| A　マヨネーズ、プレーンヨーグルト(無糖) | 各小さじ1/2 |
| 　　塩、砂糖 | 各少々 |
| パセリ(みじん切り、あれば) | 適量 |

**作り方**

1. かぼちゃは4等分にし、ラップをして電子レンジで1分ほど加熱して冷ます。
2. 1にAを混ぜてパセリを振る。

肉がメインのおべんとう

エネルギー／358kcal　タンパク質／15g　脂質／9.6g

# 野菜とじゃがいもの肉巻きべんとう

野菜を一緒に食べられ、見た目も華やかな肉巻きは冷凍野菜や残りおかずを利用してもよく、食材や味つけをアレンジして定番おかずに。さっぱりおかずやおにぎりを合わせます。

**朝がラク！**
### 前日にできる下準備

- 野菜じゃがいも肉巻き………野菜を刻んで加熱する（作り方 1）

## 野菜じゃがいも肉巻き

**材料 1 人分（150kcal）**

牛もも薄切り肉 ………… 3 枚(30g)
塩、こしょう、片栗粉 … 各少々
じゃがいも …………… 1/4 個(30g)
ブロッコリー …………… 小房 1 個(25g)
パプリカ(赤、2cm幅)… 1 切れ(10g)
サラダ油 ………………… 小さじ 1/2
麺つゆ(P75 参照、市販でも OK)
………………………… 小さじ 1

**作り方**

1. じゃがいも、ブロッコリーは長さ 3cm 程度の棒状に（各 3 個）、パプリカは長さ 3cm のせん切りにして（9 本）、ラップをして電子レンジで 50 秒ほど加熱する。

2. ラップに牛肉を 1 枚ずつ広げ、塩、こしょう、片栗粉を振り、手前にじゃがいもとブロッコリーを 1 個ずつ、パプリカは 3 本ずつを並べて巻く。同様にあと 2 個作る。

3. サラダ油を熱したフライパンに 2 を並べ、全体に焼き色がつくまで転がしながら焼き、麺つゆをからめる。

**Point**
- 豚薄切り肉や、鶏肉を薄く開いたものでも同様に作れる。
- 加熱しておいた具を細めに巻き、たれの水分で蒸し焼きにするので早く火が通る。

### arrange recipe
### にんじんとアスパラの細巻き

**材料 1 人分（114kcal）**

牛もも薄切り肉 2 枚を横向きに少し重ねて置き、塩、こしょう、片栗粉各少々を振り、せん切りにしてゆでたにんじん 10g、グリーンアスパラ 2/3 本をのせて巻き、サラダ油適量を熱したフライパンで焼く。焼き上がったら 3 等分に切る。

## パンダおにぎり

**材料 1 人分（169kcal）**

ご飯 ……………………… 100g
塩 ………………………… 少々
焼きのり ………………… 適量

**作り方**

1. ご飯の半量をラップで包んで丸くにぎり、軽く塩をまぶす。同様にあと 1 個作る。

2. のりをハサミで半円の耳と楕円の目の形に切り、のりパンチで鼻と口を作り、1 に貼る。のりで作った目の上にご飯粒をのせる。

## かまぼこきゅうりチーズサンド

**材料 1 人分（34kcal）**

笹かまぼこ ……………… 1/2 枚
きゅうり(斜め薄切り) … 1 枚
スライスチーズ ………… 1/4 枚

**作り方**

1. 笹かまぼこに切りこみを入れ、大きさを合わせて切ったきゅうりとチーズをはさみ、半分に切る。

## そのほか

甘夏
(オレンジやグレープフルーツでも OK)
………………………… 1 房

肉 がメインのおべんとう

| エネルギー／351kcal | タンパク質／14.4g | 脂質／7.4g |

# チキンカツ べんとう

パサつきがちな鶏胸肉も、衣をつけるとしっとり仕上がります。野菜も一緒に揚げれば、別のおかずを作るよりラク。お肉も野菜もパクッと食べられます。

## チキンカツ＆野菜フライ

### 材料 1人分（169kcal）
- 鶏胸肉 ……………………… 1/5枚（40g）
- にんじん（1cm角、長さ5cmの棒状） ……………………… 3本（20g）
- グリーンアスパラ（根元を除く） ……………………… 1/2本
- 薄力粉、水 ……………… 各大さじ1
- 塩 ……………………………… 少々
- パン粉、サラダ油 ………… 各適量
- 中濃ソース ……………… 小さじ1

### 作り方
1. 鶏肉は厚さ1cmのそぎ切り（4枚）にする。にんじん、アスパラはラップをして電子レンジで30秒ほど加熱する。
2. 薄力粉、水、塩を混ぜた衣に 1 をくぐらせ、パン粉をまぶす。
3. 高さ1cm程度のサラダ油を熱したフライパンに 2 を並べ、返しながらきつね色になるまで揚げる。仕上げに中濃ソースをかける。

**Point**
材料はほかにかぼちゃやいも、棒状に切ったちくわや魚でもできる。

## キャベツのおかかあえ

### 材料 1人分（9kcal）
- キャベツ ………………… 1/2枚（25g）
- 削り節 …………………… ひとつまみ
- しょうゆ ……………………… 少々

### 作り方
1. キャベツは長さ2cmのせん切りにし、電子レンジで30秒ほど加熱する。水気をきり、削り節、しょうゆであえる。

## そのほか

- ご飯 ……………………… 100g
- ひじきふりかけ（市販）… 小さじ1
  ※混ぜて2等分にしてにぎる。
- いちご（ヘタをとる）…… 1個

### 朝がラク！
**前日にできる下準備**
- ●チキンカツ＆野菜フライ
  ……鶏肉と野菜を切り、野菜を加熱する（作り方 1 ）

## 鶏とごぼうのはちみつみそ漬け焼き

**材料 1人分（105kcal）**

鶏もも肉（から揚げ用、皮なし）
　………………… 1切れ（30g）
ごぼう ………………… 5cm（20g）
みそ、はちみつ（みりんや砂糖でもOK）
　………………… 各小さじ1
ごま油 ………………… 小さじ1/2

**作り方**

1. 鶏肉はひと口大に切る。ごぼうは斜め薄切りにし、水洗いしてアクぬきし、電子レンジで50秒ほど加熱する。みそ、はちみつをもみこみ、10分ほどおく。
2. ごま油を薄くぬったアルミホイルに **1** を並べ、トースター（または魚焼きグリル）で軽く焦げ目がつくまで10分ほど焼く。

## にらとたらこの卵焼き

**材料 1人分（卵1/2個分、61kcal）**

卵 ……………………… 1個分
にら ……………………… 4本（16g）
たらこふりかけ（市販） … 小さじ2
サラダ油 ………………… 適量

**作り方**

1. にらは長さ1cmに切る。溶き卵ににら、ふりかけを加えて混ぜる。
2. 温めてサラダ油をひいた卵焼き器に **1** を流し入れて箸で大きく混ぜ、半熟状になったら奥から巻き、形を整えて弱火で焼く（P55参照、最後にふたをすると中まで火が通りやすい）。冷めたら4等分に切る（おべんとうには2個使用）。

## そのほか

雑穀入りご飯（P18参照）
　………………… 100g
ミニトマト …………… 1個
サラダ菜 ……………… 1枚

**POINT** トースターを使うと短時間で焼き、そのあいだにほかのおかずが作れます。フライパン不要で洗いものも減ります。

---

**エネルギー／345kcal**　**タンパク質／13.9g**　**脂質／8.3g**

# 鶏のみそ漬け焼きべんとう

*時短レシピ*

みそとはちみつを混ぜるだけの万能だれで、肉や根菜も中はしっとり、外は香ばしく焼き上がります。鶏肉のかわりに豚肉や魚の切り身を使ってもおいしいです。

**朝がラク！**

### 前日にできる下準備

- 鶏とごぼうのはちみつみそ漬け焼き
　……鶏肉とごぼうを切って下味をつける（作り方 **1**）
- にらとたらこの卵焼き………にらを刻む（作り方 **1**）

魚がメインのおべんとう

エネルギー／360kcal　タンパク質／15g　脂質／6.5g

# 鮭の塩焼きべんとう

切り身を使って手軽においしくできる魚おかずを定番に。塩分の多い塩鮭ではなく、生鮭で塩加減を調整します。のりべんの上に焼き鮭！　シンプルなおべんとうもよい思い出になるはず。

**朝がラク！**
### 前日にできる下準備

- ちくわとじゃがいものみそ煮……………………ちくわと野菜を切る（作り方 1）
- スナップえんどうとにんじんのごまあえ………野菜を切って加熱する（作り方 1）

## 鮭の塩焼き

### 材料１人分（62kcal）
生鮭（切り身、皮と骨を除く）
　　‥‥‥‥‥‥‥‥‥‥ 1/2 切れ(35g)
塩、青のり、サラダ油 …各少々

### 作り方
1 鮭は２枚にそぎ切りにし、両面に塩を振ってなじませる。

※写真はまとめ作りしやすい量（分量の約３倍）。

2 油を薄くぬったアルミホイルに **1** を並べ、温めた魚焼きグリル（またはトースター）で10分ほど焼く。仕上げに青のりを振る。

### Point
魚の切り身をそのまま焼くと、中まで火が通る前にまわりがかたくなったり、切り分けるとき身がくずれることも。皮と骨をとり、ひと口大に切ってから焼くと短時間できれいに仕上がる。

### まとめ作りで保存
**保存期間：冷蔵で２〜３日、冷凍で２〜３週間**
１回分ずつラップで包み、ジッパーつき袋に入れる。
【解凍】ラップごと耐熱皿にのせ、電子レンジで加熱する。

---

## のりべん

### 材料１人分（208kcal）
ご飯‥‥‥‥‥‥‥‥‥ 120g
削り節‥‥‥‥‥‥‥‥ ひとつまみ
しょうゆ‥‥‥‥‥‥‥ 少々
焼きのり‥‥‥‥‥‥‥ 適量

### 作り方
1 削り節にしょうゆを混ぜる。
2 べんとう箱に詰めたご飯の上に **1** をのせ、1.5cm角に切ったのりをのせる。

### arrange recipe
**みそマヨ焼き**
**材料１人分（79kcal）**
鮭の塩焼き２切れに、みそ小さじ1/4とマヨネーズ小さじ1/2を混ぜたものをぬり、トースターで５分ほど焼く。

---

## ちくわとじゃがいものみそ煮

### 材料１人分（64kcal）
ちくわ‥‥‥‥‥‥‥‥ 1/4 本
じゃがいも‥‥‥‥‥‥ 1/4 個(30g)
玉ねぎ‥‥‥‥‥‥‥‥ 1/12 個(15g)
みそ‥‥‥‥‥‥‥‥‥ 小さじ1/2
砂糖‥‥‥‥‥‥‥‥‥ 小さじ1/4
サラダ油‥‥‥‥‥‥‥ 小さじ1/2

### 作り方
1 ちくわは輪切りに、じゃがいもは厚さ１cmのいちょう切りに、玉ねぎは長さ２cmの薄切りにする。
2 サラダ油を熱した鍋に **1** を入れて炒め、ひたひたの水（分量外）を加えて煮る。みそ、砂糖を加え、煮汁がなくなるまで煮る。

## スナップえんどうとにんじんのごまあえ

### 材料１人分（26kcal）
スナップえんどう‥‥‥ ２本(15g)
にんじん（２cm輪切り）
　　‥‥‥‥‥‥‥‥‥‥ １枚(20g)
A｜しょうゆ‥‥‥‥‥ 少々
　｜砂糖‥‥‥‥‥‥‥ 少々
　｜塩‥‥‥‥‥‥‥‥ 少々
白すりごま‥‥‥‥‥‥ 小さじ1/2

### 作り方
1 スナップえんどうは筋をとって斜め半分に、にんじんは５mm角の棒状に切り、電子レンジで50秒ほど加熱する。
2 **1** の水気をきってAを加えてあえ、白すりごまをまぶす。

魚がメインのおべんとう

| エネルギー／394kcal | タンパク質／15.3g | 脂質／12.2g |

# ぶり照り焼きべんとう

魚をひと口大に切って焼けばくずれず火の通りも早く、しっかり味がつきます。甘辛たれで野菜もおいしく食べられます。くるくるのり巻きも意外に簡単。お試しあれ。

**朝がラク！**

### 前日にできる下準備

- ぶりとかぼちゃの照り焼き……かぼちゃを切る（作り方 **1**）
- たくあんのり巻き……たくあんを刻む（作り方 **1**）
- 枝豆入り卵焼き……枝豆をゆでてさやからとり出す
- 大根の梅あえ……完成OK！ ※冷蔵保存

## ぶりとかぼちゃの照り焼き

### 材料1人分（160kcal）
ぶり（切り身）……………1/2切れ（35g）
片栗粉………………………小さじ1
かぼちゃ（厚さ2cm×4cm幅）
　………………………………1個（30g）
しょうゆ……………………小さじ1
みりん………………………小さじ2
サラダ油……………………小さじ1/2

### 作り方
1. ぶりは半分に切って水分を拭きとり、片栗粉を薄くまぶす。かぼちゃは半分の厚さに切る。
2. サラダ油を熱したフライパンに 1 を並べ、両面を焼く。火を止め、しょうゆ、みりんをかけて再び火にかけ、揺すりながらからめる。

※写真はまとめ作りしやすい量（分量の約4倍）。

**Point**
ぶりのかわりに、生鮭やメカジキなどでもできる。

### まとめ作りで保存
保存期間：冷蔵で2〜3日、冷凍で2〜3週間

たれのあるものは、クッキングシートを敷いた密閉容器に並べてふたをする。
【解凍】クッキングシートごととり出し、ラップをして電子レンジで加熱する。

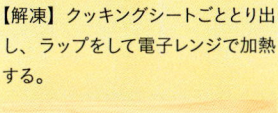

---

## たくあんのり巻き

### 材料1人分（172kcal）
ご飯……………………………100g
たくあん（薄切り）………3枚（10g）
焼きのり（全型）………………1/2枚

### 作り方
1. ラップの上にのりをのせ、ご飯をのりの上端3cmを残して広げ、みじん切りにしたたくあんを散らし、手前からくるくると巻く。 
2. ラップで全体を包み、のりがなじむまで1分ほどおく。ラップをはがし、水で湿らせた包丁で5等分に切る。

### arrange recipe
**ぶりのごま焼き**
材料1人分（178kcal）

ぶりの照り焼き2切れに、白すりごま適量をまぶし、トースターで3分ほど焼く。

---

## 枝豆入り卵焼き

### 材料1人分（卵1/2個分、56kcal）
卵………………………………1個分
牛乳（または豆乳）………小さじ2
塩………………………………ひとつまみ
枝豆（ゆで、むき）………16粒
サラダ油………………………適量

### 作り方
1. 溶き卵に牛乳、塩、枝豆を混ぜ、温めてサラダ油をひいた卵焼き器に流し入れる。箸で大きく混ぜ、半熟になったら奥から巻き、形を整えて弱火で焼く（P55参照）。冷めたら4等分に切る（おべんとうには2個使用）。

## 大根の梅あえ

### 材料1人分（6kcal）
大根（1cm輪切り）………1/2枚（10g）
梅干し…………………………1/4個（2g）
砂糖、塩………………………各少々

### 作り方
1. 大根は1cm幅、長さ3cmに切り、ラップをして電子レンジで30秒ほど加熱する。水気をきって冷ます。
2. タネをとってみじん切りにした梅干しに砂糖、塩を混ぜ、1 をあえる。

### おすすめ食材
**漬けもの**

漬けものはそのまま食べると味が濃いですが、刻んで混ぜこむと調味料がわりになります。特に梅干しには抗菌作用もあるのでおべんとうに最適！

魚がメインのおべんとう

エネルギー／342kcal　タンパク質／14.6g　脂質／8.7g

# あじのカレー焼きべんとう

カレー風味の衣をつけてカリッとソテーし、混ぜご飯の上にのせれば魚もおいしく食べられます。魚は骨をしっかり除き、くさみを消すことで食べやすくなります。

**朝がラク！**

### 前日にできる下準備

- あじのカレー焼き………… あじを4等分に切る（作り方**1**）
- 鶏と野菜のカレーご飯…… 野菜を切り、ひき肉と一緒に炒める（作り方**1**、**2**）

## あじのカレー焼き

**材料 1人分（77kcal）**
真あじ(三枚おろし) …… 半身(35g)
A｜薄力粉……………… 小さじ1
　｜カレー粉、塩 ……… 各少々
サラダ油……………… 小さじ1/2

**作り方**
1. あじを4等分にしてキッチンペーパーで水気をきり、混ぜたAをまぶす。
2. サラダ油を熱したフライパンに1を並べ、両面に焼き色がつくまで焼く。

### まとめ作りで保存
**保存期間：冷蔵で2～3日、冷凍で2～3週間**

ラップを敷いた密閉容器に並べてふたをする。
【解凍】耐熱皿にのせ、ラップをして電子レンジで加熱する。

## 鶏と野菜のカレーご飯

**材料 1人分（240kcal）**
ご飯…………………… 100g
鶏ひき肉……………… 大さじ1(15g)
玉ねぎ………………… 1/8個(25g)
パプリカ(赤、2cm幅)… 1切れ(10g)
オクラ………………… 1本
しょうゆ……………… 小さじ1/2
カレー粉、塩………… 各少々
サラダ油……………… 小さじ1/2

**作り方**
1. 玉ねぎとパプリカは粗みじん切りに、オクラはヘタをとって1cm幅に切る。
2. サラダ油を熱したフライパンでひき肉、玉ねぎを炒め、色が変わったらパプリカ、オクラを加えて炒める。
3. しょうゆ、カレー粉、塩を加えて混ぜ、ご飯に混ぜる。

**Point**
ご飯にカレー粉を混ぜるだけで子どもに人気のカレーピラフ風に。ただの白いご飯よりも食欲をそそり、また、あじのカレー焼きをのせると一緒に食べてくれるので魚嫌いの解消にも。

### arrange recipe
**あじの蒲焼き**
**材料 1人分（67kcal）**

あじのカレー焼き3切れをフライパンで温め、麺つゆ小さじ2（P75参照、市販でもOK）をからめる。

## きゅうりの酢じょうゆあえ

**材料 1人分（10kcal）**
きゅうり……………… 5cm（30g）
A｜酢、しょうゆ …… 各小さじ1/2
　｜砂糖…………… 小さじ1/4

**作り方**
1. きゅうりを輪切りにし、混ぜたAであえて10分ほどおき、水気をきる。

## そのほか

すいか（好みのフルーツでもOK）
……………………… 40g

### column
**魚をおべんとうにとり入れよう！**

魚には骨の形成に必要なビタミンD、脳の発達を促すDHA（ドコサヘキサエン酸）やEPA（エイコサペンタエン酸）などの脂質、貧血予防に有効な鉄分などが含まれます。

**魚を食べやすく＆手軽にとり入れるポイント**
- パサパサするときには粉をまぶしてカリッと焼くか、しっとり蒸し焼きに。
- 魚の水分をきちんと拭きとり、調味料やスパイスで味つけしてくさみを消す。
- 魚をさばく手間は、切り身を使って手軽に！
- 缶詰や冷凍のカット魚なども活用する。

魚がメインのおべんとう

エネルギー／404kcal　タンパク質／15g　脂質／17g

# フィッシュバーガーべんとう

手軽に使える切り身魚をカリッと焼いたパン粉焼きと、野菜たっぷりのソースをはさんだお店気分のカジュアルべんとう。1個ずつ包んで空き箱などに入れても◎。

朝がラク！
## 前日にできる下準備
- かじきのパン粉焼きとラタトゥイユバーガー………ラタトゥイユを作る（作り方 3 ）

## かじきのパン粉焼きと
## ラタトゥイユバーガー

### 材料1人分（351kcal）
かじき（切り身） ………… 1/2切れ（35g）
塩、こしょう、マヨネーズ、
　プレーンヨーグルト（無糖）
　……………………… 各小さじ1
パン粉、サラダ油 ……… 各適量
ロールパン ……………… 2個
玉ねぎ …………………… 1/10個（20g）
ズッキーニ（1cm輪切り）… 1枚（10g）
にんじん（5mm輪切り）… 1枚（5g）
トマト ……………………… 小1/2個（45g）
ケチャップ ……………… 小さじ1
塩………………………… 少々

### 作り方
1 かじきを半分に切り、塩、こしょうを振る。マヨネーズとヨーグルトを混ぜたものをぬり、パン粉をまぶす。

2 高さ0.5cm程度のサラダ油を熱したフライパンで 1 を両面きつね色になるまで揚げる。

3 玉ねぎとズッキーニは1cm角に切り、にんじんは短いせん切りにし、少量のサラダ油で炒める。刻んだトマトとケチャップを加え、とろみがつくまで煮て、塩を加えて混ぜる。

4 横に切りこみを入れたパンに 3 、2 の順にはさむ。

--------

**Point**
かじきのパン粉焼きと青のりポテトを一緒に揚げれば時間短縮に。

### arrange recipe
### かじきとトマトのパスタ
**材料1人分（237kcal）**
ショートパスタ（ペンネ）20gほどをゆで、ラタトゥイユとあえ、小さく切ったかじきのパン粉焼きをのせる。

## 青のりポテト

### 材料1人分（37kcal）
じゃがいも ……………… 1/4個（40g）
青のり、塩 ……………… 各少々
サラダ油 ………………… 適量

### 作り方
1 じゃがいもは1cm角、長さ3cmの棒状に切って水にさらし水気をきる。

2 サラダ油を熱したフライパンで 1 を揚げる。キッチンペーパーの上にとり、青のり、塩を振る。

## そのほか
甘夏
（オレンジやグレープフルーツでもOK）
　……………………… 3房分
ブルーベリー …………… 4粒

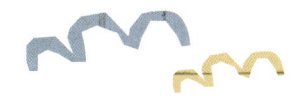

練り製品 がメインのおべんとう

| エネルギー／356kcal | タンパク質／9.3g | 脂質／9.6g |

# ちくわと野菜の かき揚げべんとう

冷蔵庫に残っている食材ででき、野菜もおいしく食べられるお助けメニュー。カルシウム豊富な桜えびも常備しておきたい食品のひとつです。

## ちくわと野菜の かき揚げ丼

### 材料1人分（351kcal）
- ちくわ……………………… 1本
- 桜えび……………………… 小さじ1
- 玉ねぎ……………………… 10g
- にんじん（1cm輪切り）…… 1枚（10g）
- ごぼう（斜め薄切り）……… 3枚（5g）
- 枝豆（ゆで、むき）………… 5粒
- 片栗粉……………………… 小さじ1
- A
  - 薄力粉…………………… 大さじ1
  - ベーキングパウダー、塩 … 各少々
  - 水………………………… 大さじ1/2
- サラダ油…………………… 適量
- ほうれんそう……………… 2本（10g）
- 焼きのり…………………… 適量
- 麺つゆ（P75参照、市販でもOK）
  ………………………………… 小さじ1
- ご飯………………………… 100g

### 作り方

1. ちくわは長さ3cmの棒状に切り、玉ねぎは長さ3cmの薄切り、にんじんとごぼうは長さ3cmのせん切りにする。枝豆、桜えびも合わせて片栗粉をまぶし、合わせた**A**とさっくり混ぜる。

2. 高さ1cm程度のサラダ油を熱したフライパンに **1** を3等分にして丸く落とし、平らにして両面がカリッとするまで揚げる。

3. 沸騰した湯でほうれんそうをゆで、水にさらして水気をきる。長さ1cmに切り、麺つゆの半量、ちぎったのりとあえる。

4. べんとう箱に詰めたご飯の上に **3** を広げて **2** をのせ、残りの麺つゆをかける。

## そのほか

いちご（ヘタをとる）…… 1個

**朝がラク！**
### 前日にできる下準備
- ちくわと野菜を切る（作り方**1**）、ほうれんそうをゆでる（作り方**3**）、枝豆をゆでさやからとり出す

## さつま揚げの卵とじ丼

**材料1人分（337kcal）**

| | |
|---|---|
| さつま揚げ | 1/2枚(25g) |
| 長ねぎ | 5cm(20g) |
| にんじん（2cm輪切り） | 1枚(20g) |
| しめじ | 3本(5g) |
| 麺つゆ（P75参照、市販でもOK） | 大さじ1 |
| 水 | 大さじ5 |
| 卵 | 1個 |
| ご飯 | 120g |

**作り方**

1. さつま揚げは湯をかけて油ぬきし、薄く切る。長ねぎは斜め薄切りに、にんじんは短いせん切りに、しめじはほぐして2cm程度に切る。
2. 鍋に水と麺つゆを入れ、にんじん、しめじを煮る。さつま揚げ、長ねぎも加え、溶き卵をまわし入れてふたをし、弱火で火が通るまで煮る。べんとう箱に詰めたご飯の上にのせる。

## 白菜のたくあんあえ

**材料1人分（13kcal）**

| | |
|---|---|
| 白菜 | 1/4枚(20g) |
| たくあん（薄切り） | 3枚(10g) |
| たくあんの漬け汁 | 小さじ1/2 |
| 塩 | 少々 |
| サラダ油 | 小さじ1/4 |

**作り方**

1. 白菜は1.5cm角に切り、軽く塩もみし、水気をきる。
2. たくあんを短冊切りにし、1と合わせて、漬け汁とサラダ油であえる。

> **POINT** タンパク質と野菜を入れた卵とじは栄養バランスのよい時短メニュー。野菜は細かく切り、練り製品を利用すれば火の通りも早くなります。

---

**エネルギー／350kcal　タンパク質／13.6g　脂質／7.3g**

# さつま揚げの卵とじべんとう

*時短レシピ*

さつま揚げなど、魚のすり身からできる練り製品は、うまみとコクが煮汁に出るので、一緒に煮こんだ野菜もおいしく食べられます。

**朝がラク！ 前日にできる下準備**

- さつま揚げの卵とじ丼……さつま揚げと野菜を刻んで煮る（作り方2）
- 白菜のたくあんあえ………完成OK！ ※冷蔵保存

卵がメインのおべんとう

| エネルギー／338kcal | タンパク質／13.2g | 脂質／9.2g |

# 卵焼きべんとう

ふんわり甘い卵焼きがおべんとうに入っているとうれしくなるもの。卵焼きは新鮮な卵を使い、使いやすい道具で、繰り返し作ることでうまくできるようになります。

## 朝がラク！
### 前日にできる下準備

- 炊きこみご飯………炊きこみご飯用の煮ものを作る（作り方 2、3）
- かぶのゆかりあえ……かぶを切る（作り方 1）
- そのほか………………枝豆を塩ゆでする

## 卵焼き

### 材料 1人分（109kcal）
| | |
|---|---|
| 卵 | 1個 |
| 牛乳（豆乳やだし汁でもOK） | 大さじ1/2 |
| 砂糖 | 小さじ1 |
| 塩 | 少々 |
| サラダ油 | 適量 |

### Point
- 卵はしっかりほぐして味つけする。牛乳やだし汁、みりんなどを加えるとしっとり仕上がる。
- フッ素樹脂加工など、こびりつかないフライパンを使い、中火で手早く巻いて、最後は弱火で火を通して形を整えれば失敗なくできる。

### 作り方
1. ボウルに卵を割り入れ、牛乳、砂糖、塩を加えて箸で白身を切るように混ぜる。
2. 中火で熱した卵焼き器にサラダ油を入れ、箸で隅まで薄くのばす。1の半量を流し入れて箸で全体を混ぜ、穴があかないよう手前にまとめ（写真ⓐ）、ヘラを使って3つに折りたたむ（写真ⓑ）。

※写真は作りやすい量（分量の約2倍）。

3. 卵焼きを奥に寄せ、再びサラダ油をぬる。卵の底を浮かせながら残りの1を流し入れて薄く広げ、2と同様に折りたたむ。 
4. 隅に押しつけて形を整える。冷めたら食べやすい大きさに切る。

## 炊きこみご飯

### 材料 1人分（212kcal）
炊きこみご飯 …… 150g

### 材料（約6人分）
| | |
|---|---|
| 米 | 2合 |
| 鶏もも肉 | 100g |
| ごぼう | 1/2本 |
| にんじん | 1/4本 |
| しめじ | 1/3パック |
| 芽ひじき（乾燥） | 小さじ2 |
| ごま油 | 小さじ2 |
| しょうゆ、みりん | 各大さじ1 |
| 塩 | 小さじ1/2 |

### 作り方
1. 米はといで水に30分以上浸しておく。
2. 鶏肉は1cm角に、しめじは長さ1cmに切り、ごぼうは半月切りに、にんじんはいちょう切りにする。芽ひじきは湯をかけてもどし、水気をきる。
3. ごま油を熱した鍋で2を炒め、しょうゆ、みりん、浸る程度の水（分量外）を加え、火が通るまで煮る。ざるにあけ、煮汁を分ける。
4. 炊飯釜に水気をきった1を入れ、3の煮汁に水をたして2合の目盛まで入れる（鍋の場合は380cc）。3の具をのせて炊く。

## かぶのゆかりあえ

### 材料 1人分（5kcal）
| | |
|---|---|
| かぶ | 1/6個（20g） |
| かぶの葉 | 1本（5g） |
| ゆかり（または赤じそふりかけ） | 小さじ1/2 |

### 作り方
1. かぶは皮をむいて薄いいちょう切りにする。葉はサッとゆでて水気をきり、みじん切りにする。かぶと葉を合わせてゆかりであえる。

## そのほか

| | |
|---|---|
| 枝豆（皮つき、塩ゆでしたもの） | 2本 |
| りんご（いちょう切り） | 2枚 |

# 卵料理のアレンジ

タンパク源としてだけでなく、おべんとうに彩りを添えてくれる卵料理。
基本の調理法をマスターすると料理の幅が広がります。

卵がメインのおべんとう

### 錦糸卵

**材料 卵1個分（94kcal）**

卵1個を溶き、片栗粉小さじ1/4、水小さじ1、塩少々を混ぜる。温めて薄くサラダ油をぬったフライパンに卵液を広げ、表面が乾いたら箸を通して裏返す（写真）。半分に切り、重ねて半分に折って端から細く切る。

### 半割り目玉焼き

**材料 卵1個分（91kcal）**

温めて薄くサラダ油をぬったフライパンに卵1個を割り入れ、軽く塩を振る。黄身を包むように半分に折り（写真）、火が通るまで両面を焼く。半分に切る。

### スタッフドエッグ

**材料 卵1個分（104kcal）**

殻をむいたゆで卵1個（P30参照）を半分に切る。黄身をとり出し、マヨネーズ小さじ1と青のり少々を混ぜ、スプーンで白身に詰める（写真）。

### のり巻き卵焼き

**材料 卵1個分（94kcal）**

卵1個を溶き、牛乳小さじ1、塩少々をよく混ぜる。温めてサラダ油適量をひいた卵焼き器に流し入れ、箸で大きく混ぜ、半熟状になったら1/4に切った焼きのりを置いて奥から巻き（写真）、形を整えて弱火で焼く。冷めたら4等分に切る。

## ひき肉野菜オムレツ

### 材料1人分（142kcal）
- 豚ひき肉 …………… 大さじ1（15g）
- 玉ねぎ ……………… 1/10個（20g）
- 小松菜 ……………… 3本（15g）
- にんじん（1cm輪切り）… 1枚（10g）
- 卵 …………………… 1個
- 牛乳 ………………… 小さじ1
- 塩、こしょう ……… 各少々
- サラダ油 …………… 適量

### 作り方
1. 玉ねぎ、小松菜、にんじんはみじん切りにする。
2. サラダ油を熱したフライパンにひき肉を入れて炒め、色が変わったら**1**、塩、こしょうを加え、軽く炒める。
3. 溶き卵に牛乳、塩少々（分量外）を混ぜ、**2**を入れる。
4. 温めてサラダ油をひいたフライパンに**3**を入れて大きく混ぜる。半熟になったら半分に折り、形を整えながら両面焼く。ふたをして弱火で中まで火を通す。冷めたら4等分に切る。

## じゃがいものケチャップ炒め

### 材料1人分（36kcal）
- じゃがいも ………… 1/4個（30g）
- サラダ油 …………… 小さじ1/2
- ケチャップ ………… 小さじ1

### 作り方
1. じゃがいもをせん切りにし、サラダ油を熱したフライパンに入れて炒め、しんなりしたらケチャップをからめる。

## そのほか
- ご飯 ………………… 100g
- 黒いりごま、塩 …… 各少々

> **POINT** じゃがいものケチャップ炒めはアクぬきや下ゆでが不要で、オムレツを作ったあとのフライパンでサッとできるので効率的です。

---

**時短レシピ**

エネルギー／352kcal　タンパク質／13g　脂質／11g

# ひき肉野菜オムレツべんとう

苦手な野菜や、ポロポロして食べにくいひき肉をまとめて包んでオムレツにすれば、卵焼きと野菜炒めの2品を作るよりも効率よく、子どもにとっても食べやすくなります。

### 朝がラク！ 前日にできる下準備
- ひき肉野菜オムレツ ……………… オムレツの具を作る（作り方**1**、**2**）
- じゃがいものケチャップ炒め …… じゃがいもを切って炒める

豆製品がメインのおべんとう

| エネルギー／360kcal | タンパク質／8.9g | 脂質／7.1g |

# 豆腐ツナハンバーグべんとう

お肉がすすまない子もパクッと食べられるあっさり和風ハンバーグ。さつまいもやパスタなどをプラスして満足感もアップ。のりを貼るだけのデコおにぎりで思わず笑顔に♪

> 朝がラク！

## 前日にできる下準備

- 豆腐ツナハンバーグ……………………木綿豆腐と玉ねぎを加熱する（作り方 **1**）
- さつまいもオレンジ煮……………………さつまいもを切って水にさらす（作り方 **1**）
- キャベツとコーンのマカロニサラダ………マカロニと野菜をゆでる（作り方 **1**、**2**）

58

## 豆腐ツナハンバーグ

**材料1人分（87kcal）**

| | |
|---|---|
| 木綿豆腐 | 1/8丁(40g) |
| ツナ缶 | 大さじ1(10g) |
| 玉ねぎ | 1/10個(20g) |
| パン粉 | 小さじ1 |
| 塩、こしょう | 各少々 |
| サラダ油 | 小さじ1/2 |
| A 麺つゆ(P75参照、市販でもOK) | 大さじ1/2 |
| A 水 | 大さじ1 |
| A 片栗粉 | 小さじ1/4 |

**作り方**

1 木綿豆腐、みじん切りにした玉ねぎを電子レンジで1分30秒ほど加熱し、キッチンペーパーをのせたざるにあけて水きりする。

2 汁気をきったツナ、1、パン粉、塩、こしょうをよく混ぜ、2等分にして小判形に整える。

3 温めてサラダ油をひいたフライパンに2を並べ、焼き色がつくまで両面を焼き、混ぜたAをからめる。

**Point**
- 豆腐ハンバーグは水分が多いと成形しにくいため、水きりした木綿豆腐を使う。
- 豆腐の水きりは、レンジ加熱のほかに、ふきんに包んでポリ袋に入れて空気をぬき、冷蔵室で2時間ほどおく方法もある。

## 顔おにぎり

**材料1人分（168kcal）**

| | |
|---|---|
| ご飯 | 100g |
| 焼きのり、梅干し | 各適量 |

**作り方**

1 3等分にしてラップで丸くにぎったおにぎりに、焼きのりで顔を作り、タネをとって小さく切った梅干しをほっぺに見立ててつける。

## さつまいもオレンジ煮

**材料1人分（54kcal）**

| | |
|---|---|
| さつまいも(3cm輪切り) | 1枚(30g) |
| A オレンジジュース | 大さじ1 |
| A 砂糖 | 小さじ1/2 |
| A 塩 | 少々 |

**作り方**

1 さつまいもは厚さ1cmのいちょう切りにして水にさらす。

2 鍋に1とかぶるくらいの水（分量外）を入れて火にかけ、かたゆでになったらAを加え、煮汁がなくなるまで煮る。

## キャベツとコーンのマカロニサラダ

**材料1人分（51kcal）**

| | |
|---|---|
| マカロニ | 5g |
| キャベツ | 1/3枚(15g) |
| にんじん(5mm輪切り) | 1枚(5g) |
| ホールコーン | 小さじ1 |
| マヨネーズ | 小さじ1 |
| 塩 | 少々 |

**作り方**

1 キャベツは1cm角に切り、にんじんは長さ2cmのせん切りにする。

2 沸騰した湯に塩ひとつまみ（分量外）を入れてマカロニをゆでる。再び沸騰したら1も加え、マカロニがやわらかくなったらざるにあけて冷ます。

3 2にコーン、マヨネーズ、塩を混ぜる。

---

### column
**栄養豊富な豆腐を活用しよう！**

「畑の肉」と呼ばれるほど栄養豊富な大豆で作られる豆腐は消化がよく、低脂肪のタンパク源ですが、水分が多いため、おべんとうにはよく水気をきって使います。揚げだんごやいり豆腐など、野菜やひき肉などと合わせるとふんわり軽く食べやすいおかずになります。豆腐を揚げた油揚げや厚揚げ、がんもどきも煮ものやあえものなどに使えます。

豆製品がメインのおべんとう

エネルギー／359kcal　タンパク質／11.2g　脂質／10g

# 厚揚げの肉みそ炒めべんとう

とろみのついた肉みそは冷めてもおいしく、子どもにも人気！　厚揚げは食べごたえがあり、小さく切ってお肉がわりに使えます。

時短レシピ

## 厚揚げとなすの肉みそ炒め丼

**材料 1人分（332kcal）**

| | |
|---|---|
| 厚揚げ | 1/6枚（30g） |
| 豚ひき肉 | 大さじ1と1/2（20g） |
| なす（2cm輪切り） | 1枚（20g） |
| 長ねぎ | 4cm（15g） |
| ごま油 | 小さじ1/2 |
| A みそ | 小さじ1 |
| 　麺つゆ（P75参照、市販でもOK） | 小さじ1 |
| 　ケチャップ、片栗粉 | 各小さじ1/2 |
| 　水 | 1/4カップ |
| ご飯 | 120g |
| 焼きのり、黒いりごま | 各適量 |

**作り方**

1 厚揚げ（油ぬきしない）となすは1cm角に切り、長ねぎはみじん切りにする。

2 温めた鍋にごま油をひき、ひき肉を入れてほぐし、1も加えて炒める。混ぜたAを入れ、とろみがつくまで煮る。

3 ご飯を20g程度残してべんとう箱に平らに入れ、2をのせて広げる。残りのご飯はラップで楕円形に整えてのせる。のりで目と口をつけ、皮のついたなすを鼻に見立ててのせ、黒いりごまをのせる。

## れんこんのごま酢あえ

**材料 1人分（23kcal）**

| | |
|---|---|
| れんこん（1cm輪切り） | 1枚（10g） |
| 白すりごま | 小さじ1 |
| すし酢（P75参照、市販でもOK） | 小さじ1 |

**作り方**

1 れんこんは薄いいちょう切りにし、水にさらしてサッとゆでてざるにあけ、白すりごま、すし酢であえる。

## そのほか

ミニトマト　　1個

**朝がラク！**
**前日にできる下準備**
- 厚揚げとなすの肉みそ炒め丼……具を炒める（作り方1、2）
- れんこんのごま酢あえ……完成OK！　※冷蔵保存

**POINT** 水きり不要の厚揚げと、火の通りが早い材料を使い、最後に片栗粉入りの調味料を加えると、具が早くやわらかくなります。

## part 2

# おべんとうの
## お助けレシピ

苦手な子も多い野菜をおいしく食べやすくする工夫や
マンネリになりがちな定番食材をかわいく変身させるコツなど
おべんとう作りの悩みを解消できるワザがたくさん！
味つけや飾りつけなど、ちょっとした工夫で
おかずのバリエーションが広がります。

# 赤の野菜のおかず

**カラフル野菜は元気の素！** 赤い色はおべんとうをパッと華やかにします。赤色野菜の代表ミニトマトとにんじんのほか、赤パプリカやハム、ケチャップ、かまぼこなども使えます。

## ミニトマトとかまぼこのゆかりがけ

**材料 1人分（38kcal）**

ミニトマト······················ 2個
板かまぼこ（ピンク、1cm幅）·········· 1切れ
ゆかり······························ 少々

**作り方**

1 ミニトマトは縦半分に切り、かまぼこは薄く切って細切りにする。
2 仕上げにゆかりを振る。

## にんじんりんご煮

**材料 1人分（21kcal）**

にんじん（2cm輪切り）··· 1枚（20g）
りんご······················ 1/12個（15g）
砂糖························ 小さじ1/2
塩·························· 少々

**作り方**

1 にんじん、りんごは厚さ5mmのいちょう切りにする。
2 小鍋に1を入れ、ひたひたの水（分量外）を注ぎ、砂糖と塩を混ぜて火にかけ、水気がなくなるまで煮る。

## 赤パプリカのナムル

**材料 1人分（17kcal）**

パプリカ（赤）·············· 1/4個（25g）
ごま油、しょうゆ、酢··· 各小さじ1/4
塩··························· 少々

**作り方**

1 パプリカは長さ3cmの細切りにし、電子レンジで50秒ほど加熱する。
2 1の水気をきり、ごま油、しょうゆ、酢、塩であえる。

## にんじんとハムのマヨソテー

**材料 1人分（36kcal）**

にんじん（2cm輪切り）··· 1枚（20g）
ロースハム（スライス）··· 1/2枚
マヨネーズ·············· 小さじ1/2

**作り方**

1 にんじん、ハムをせん切りにする。
2 温めたフライパンに1、マヨネーズを入れ、にんじんに火が通るまで炒める。

## にんじんのごま煮

**材料 1人分（19kcal）**

にんじん（2cm輪切り）…1枚(20g)
麺つゆ(P75参照、市販でもOK)
　……………………小さじ1/2
塩、白すりごま………各少々

**作り方**

1. にんじんを3枚に切って花形に抜き、かぶるくらいの水でゆでる。
2. 麺つゆ、塩を加えて弱火で煮る。煮汁がほとんどなくなったら火を止め、白すりごまを振る。

## にんじんとしらたきのたらこあえ

**材料 1人分（12kcal）**

にんじん（1.5cm輪切り）…1枚(15g)
しらたき……………………大さじ1(15g)
たらこふりかけ(市販)……小さじ1

**作り方**

1. にんじんはせん切りに、しらたきは長さ2cmに切り、一緒にゆでる。
2. 1の水気をきり、たらこふりかけであえる。

## トマトのスクランブルエッグ

**材料 1人分（54kcal）**

トマト…………………1/4個(30g)
卵………………………1/2個分
塩………………………ひとつまみ
サラダ油………………小さじ1/4

**作り方**

1. トマトはひと口大に切り、タネを除く。
2. 溶き卵に塩を混ぜて 1 を加え、サラダ油を熱したフライパンに入れ、箸で大きく混ぜて火を通す。

## 切り干し大根のケチャップソテー

**材料 1人分（57kcal）**

切り干し大根(乾燥)……小さじ2(2g)
ウインナーソーセージ…1本
ケチャップ………………小さじ1/2
サラダ油…………………小さじ1/4

**作り方**

1. 切り干し大根はぬるま湯でもどし、長さ2cmに切る。
2. 水気をきった 1 、小口切りにしたウインナーソーセージをサラダ油で炒め、ケチャップをからめる。

# 黄の野菜のおかず

卵料理だけじゃない！ さつまいもやかぼちゃ、コーンやチーズなども活用して。カレー粉やターメリック（ウコン）も少量使えば黄色や風味をプラスできます。

## 黄パプリカのソテー

**材料1人分（27kcal）**

パプリカ（黄、3cm幅）………… 1切れ（30g）
サラダ油………………………… 小さじ1/4
中濃ソース（またはしょうゆ）… 小さじ1/2

**作り方**

1 パプリカは1cm角に切り、サラダ油で炒め、ソースを混ぜる。

## さつまいもレモン煮茶巾

**材料1人分（59kcal）**

さつまいも（2cm輪切り）……… 1枚（40g）
砂糖……………………………… 小さじ1/2
レモン汁………………………… 小さじ1/4
塩………………………………… 少々

**作り方**

1 さつまいもは皮をむいて薄く切り、水にさらす。ひたひたの水でゆで、火が通ったら砂糖、レモン汁、塩を加え、煮汁が少なくなったら火を止めてつぶす。

2 ラップに包んで丸く整え、端をねじる。

## かぼちゃチーズ焼き

**材料1人分（63kcal）**

かぼちゃ（厚さ2cm×5cm幅）…… 1個（40g）
ピザ用チーズ …………………… 小さじ2

**作り方**

1 かぼちゃは厚さ5mmのひと口大に切り、電子レンジで50秒ほど加熱する。

2 1を耐熱カップに入れ、チーズをのせて焼き色がつくまでトースターで焼く。

## コーンのいり豆腐

**材料1人分（42kcal）**

木綿豆腐（3cm角）……… 1個（30g）
ホールコーン …………… 大さじ1
しょうゆ ………………… 小さじ1/4
塩、サラダ油 …………… 各少々

**作り方**

1 サラダ油を熱したフライパンに豆腐を入れ、くずしながら炒める。

2 コーンを加え、しょうゆ、塩を混ぜる。

## かぼちゃのクリームチーズあえ

**材料１人分（53kcal）**

かぼちゃ(厚さ２cm×５cm幅) … １個(40g)
クリームチーズ………………… 小さじ１

**作り方**

1 かぼちゃは皮をとって薄く切り、電子レンジで１分ほど加熱する。
2 ラップに包んでつぶし、クリームチーズを小さく切って軽くあえる。

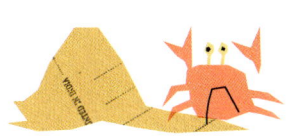

## 大学いも

**材料１人分（95kcal）**

さつまいも(２cm輪切り)… １枚 (40g)
サラダ油………………… 適量
はちみつ………………… 小さじ１
しょうゆ、黒いりごま… 各少々

**作り方**

1 さつまいもは１cm角の棒状に切って水にさらし、電子レンジで 50 秒ほど加熱し、水気をきる。
2 多めのサラダ油を熱したフライパンで１をカリッとするまで揚げる。
3 熱いうちにはちみつ、しょうゆ１滴をからめ、黒いりごまを振る。

## もやしとコーンの炒めサラダ

**材料１人分（31kcal）**

もやし…………………… 大さじ２ (10g)
ホールコーン…………… 大さじ１ (15g)
サラダ油、すし酢(P75 参照、市販でも OK)
………………………… 各小さじ 1/2

**作り方**

1 もやしは半分に折り、コーンと合わせてサラダ油でサッと炒め、すし酢を混ぜる。

## カレーポテト

**材料１人分（23kcal）**

じゃがいも……………… 1/4 個(30g)
カレー粉、塩…………… 各少々

**作り方**

1 じゃがいもはひと口大に切って水にさらし、ひたひたの水でゆでる。
2 カレー粉、塩を加え、煮汁がなくなるまでゆでる。

# 緑の野菜のおかず

緑色を入れるとおべんとう全体が締まります。青くささを中和させるため、うまみのある素材や油と合わせたり、しっかりめに味をつけると食べやすくなります。

## たたききゅうりのごま酢あえ

**材料1人分（16kcal）**
きゅうり……………1/4本（30g）
すし酢（P75参照、市販でもOK）、
　白すりごま……………各小さじ1/2

**作り方**
1 きゅうりを割れ目ができる程度にたたき、ひと口大に割る。
2 すし酢、白すりごまを混ぜる。

## オクラ梅おかかあえ

**材料1人分（13kcal）**
オクラ………………1本
A ┌ 梅干し（みじん切り）
　│　………………小さじ1/4
　│ 削り節…………小さじ1/4
　│ しょうゆ………小さじ1/4
　└ サラダ油………小さじ1/4

**作り方**
1 オクラはヘタを切って、ゆでる。冷水にとり、水気をきって1cm幅に切り、混ぜたAであえる。

## ほうれんそうコーンのり巻き

**材料1人分（14kcal）**
ほうれんそう……2本（20g）
しょうゆ…………小さじ1/4
ホールコーン……小さじ2
焼きのり（全型）…1/3枚

**作り方**
1 ほうれんそうはゆでて水にさらし、長さ1.5cmに切る。水気をよくきり、しょうゆであえる。
2 ラップの上に、縦に3等分にしたのりを横向きに置き、巻き終わり1cmを残して1を広げる。手前にコーンを並べ、きつめに巻く。
3 のりがしんなりするまで1分ほどおき、食べやすい長さに切る。

## いんげんとこんにゃくの炒めごまあえ

**材料1人分（45kcal）**
いんげん……………………2本（15g）
糸こんにゃく（または板こんにゃくを細く切る）
　……………………………2本（15g）
ごま油、みりん、しょうゆ………各小さじ1/2
白すりごま…………………小さじ1

**作り方**
1 いんげんは端をとって長さ3cmに、糸こんにゃくも長さ3cmに切り、一緒にゆでる。
2 1の水気をきり、ごま油で炒め、みりん、しょうゆを加える。火を止めて白すりごまを混ぜる。

## チンゲンサイのわかめふりかけあえ

**材料1人分（5kcal）**

チンゲンサイ……………………… 2枚(25g)
わかめふりかけ(市販)………… 小さじ1/2

**作り方**

1 チンゲンサイは横向きに1cm幅に切り、電子レンジで1分ほど加熱する。水気をきり、わかめふりかけであえる。

## グリーンマッシュポテト

**材料1人分（36kcal）**

そら豆(枝豆やグリーンアスパラでもOK)
……………………………… 3粒(10g)
じゃがいも……………………… 1/4個(30g)
牛乳(または豆乳)……………… 小さじ1/2
塩………………………………… 少々

**作り方**

1 そら豆は薄皮をとり、薄く切ったじゃがいもと一緒にゆでる。

2 そら豆を半量残し、1をラップで包んでつぶす。塩、牛乳を加えて丸め、残りのそら豆をのせる。

## じゃこピーマンソテー

**材料1人分（29kcal）**

ピーマン………………………… 1/2個(10g)
ちりめんじゃこ(またはしらす干し)
……………………………… 小さじ1
サラダ油、みりん……… 各小さじ1/2
しょうゆ………………… 小さじ1/4

**作り方**

1 ピーマンはタネをとって縦に割り、横向きに細く切る。

2 サラダ油で1、ちりめんじゃこを炒め、しんなりしたらみりん、しょうゆを混ぜる。

## 焼きブロッコリー麺つゆあえ

**材料1人分（33kcal）**

ブロッコリー………………………… 小房1と1/2個(30g)
ブロッコリーの芯(長さ4cmの薄切り)… 1枚
ごま油………………………………… 小さじ1/2
麺つゆ(P75参照、市販でもOK)………… 小さじ1

**作り方**

1 ブロッコリーはひと口大に切る。芯はまわりのかたい部分を切りとり、短冊切りにする。

2 ごま油で炒め、火を止めて麺つゆであえる。

# 練り製品活用のおかず

手頃な価格の練り製品（魚のすり身加工品）は主食に混ぜたり、お肉がわりに主菜に、刻んで野菜と合わせて副菜にしたりとアレンジできる心強い味方。淡白なのでどんな味つけにも合います。

## ちくわの照り焼き

**材料１人分（59kcal）**

ちくわ………………… １本
ごま油………………… 小さじ1/2
しょうゆ、砂糖……… 各小さじ1/2

**作り方**

1. ちくわは１cm幅の斜め切りにする。
2. ごま油を熱したフライパンで色づくまで焼き、しょうゆ、砂糖を加え、ツヤが出るまでからめる。

## ちくわ磯辺揚げ

**材料１人分（87kcal）**

ちくわ………………… １本
焼きのり（５cm角）…… ４枚
A ｜ 薄力粉、水………… 各大さじ１
　 ｜ 塩…………………… 少々
サラダ油……………… 適量

**作り方**

1. ちくわは縦に４等分に切り、のりを巻く。
2. Aを混ぜて1にまぶし、高さ１cm程度のサラダ油を熱したフライパンに入れ、両面がカリッとするまで揚げる。

## ちくわのピザ風

**材料１人分（82kcal）**

ちくわ………………… １本
玉ねぎ………………… 10g
ピーマン（輪切り）…… 小２枚（３g）
ケチャップ…………… 小さじ1/2
ピザ用チーズ………… 大さじ１（10g）

**作り方**

1. ちくわは輪切りに、玉ねぎは短い薄切りにし、耐熱カップに入れる。
2. 1にケチャップをかけ、チーズとピーマンをのせ、トースターでチーズが溶けるまで焼く。

## ちくわのナムル

**材料１人分（38kcal）**

ちくわ………………… 1/2本
小松菜………………… ２本（10g）
もやし………………… 10本（８g）
にんじん（１cm輪切り）…… １枚（10g）
A ｜ ごま油、しょうゆ、白いりごま
　 ｜ ………………… 各小さじ1/4
　 ｜ 塩…………………… 少々

**作り方**

1. せん切りにしたにんじんを水からゆでる。短く切ったもやしと小松菜、短冊切りにしたちくわを加えてサッとゆでて、ざるにあけて水気をきり、混ぜたAであえる。

68

## かまぼこサンド

### 材料 1人分（48kcal）
板かまぼこ……………… 1/3本分（30g）
ツナ缶…………………… 小さじ1
マヨネーズ……………… 小さじ1/2
きゅうり（薄い輪切り）…… 6枚

### 作り方
1 かまぼこは1cm幅に切り、厚みに切れ目を入れる。
2 汁気をきったツナにマヨネーズを混ぜて 1 にはさみ、きゅうりをさしこむ。

## さつま揚げお好み焼き

### 材料1人分（100kcal）
さつま揚げ……………… 1/2枚（25g）
キャベツ（5cm角）……… 1枚（5g）
にんじん（5mm輪切り）… 1枚（5g）
溶き卵、水……………… 各小さじ2
塩………………………… 少々
薄力粉…………………… 大さじ1
サラダ油………………… 小さじ1/2
中濃ソース……………… 小さじ1/2
青のり…………………… 少々

### 作り方
1 さつま揚げは薄切りに、キャベツとにんじんはせん切りにする。
2 溶き卵に水、塩を混ぜ、薄力粉を加えてさっくりと混ぜ、1 をあえる。
3 サラダ油を熱したフライパンに丸く落とし、両面が薄く色づくまで焼く。4等分に切り、ソース、青のりをかける。

## はんぺんチーズフライ

### 材料1人分（107kcal）
はんぺん………………… 1/4枚分
A｜粉チーズ……………… 大さじ1/2
　｜薄力粉、水…………… 各大さじ1
パン粉…………………… 適量
サラダ油………………… 適量

### 作り方
1 はんぺんは対角線で4等分に切り、混ぜたAをぬってパン粉をまぶす。
2 高さ1cm程度のサラダ油を熱したフライパンに 1 を入れ、きつね色になるまで揚げる。

## はんぺんのり巻き

### 材料1人分（28kcal）
はんぺん……………………………… 1/4枚分
しょうゆ……………………………… 小さじ1/2
焼きのり（2×5cm）………………… 3枚

### 作り方
1 はんぺんを3等分に切り、温めたフライパンで焦げ目がつくまで焼く。しょうゆをぬり、のりを巻く。

# 常備菜 〈おかず編〉

忙しい朝も常備菜があれば安心。そのまま使ってすきまを埋めたり、別の素材と組み合わせてアレンジもできます。食べてほしい栄養豊富な乾物や根菜もまとめて調理すれば効率的です。

## きんぴら

きんぴらとは、野菜を炒めてしょうゆや砂糖で味つけする調理法。ごぼうやれんこん、大根、にんじんなど、からだを丈夫に保つ働きがある根菜を使うことが多く、水分が少ないので日もちします。

### きんぴらごぼう

**材料　作りやすい分量（150kcal）**

| | |
|---|---|
| ごぼう……… 1本（80g） | しょうゆ…小さじ2 |
| にんじん…… 1/8本（20g） | みりん、水 |
| ごま油、白いりごま | ………各大さじ1 |
| ………各小さじ1 | |

A：しょうゆ小さじ2、みりん、水各大さじ1

**作り方**

1. ごぼう、にんじんは長さ3cmほどの斜め薄切りにしてせん切りにする。ごぼうはサッと水で洗い、ざるにあける。
2. ごま油を熱したフライパンにごぼうを入れて炒め、ツヤが出たらにんじんを加え、しんなりするまで炒める。Aを加え、煮汁がなくなるまで煮つめたら火を止め、白いりごまを指でひねりながら振る。

**保存期間｜冷蔵で4日、冷凍で3週間程度**

**Point**
ごぼうやにんじんは、野菜の繊維を断つように切ると短時間でやわらかく仕上がる。

### 応用　れんこん塩きんぴら

**材料と作り方…作りやすい分量（90kcal）**

5cm輪切りのれんこん1枚（80g）と、にんじん1/8本（20g）は薄いいちょう切りにする。ごま油小さじ1で炒め、ツヤが出てしんなりしたら、いんげん1本（8g）を斜め薄切りにして加え、さらに炒めて塩小さじ1/4を混ぜる。

**保存期間｜いんげんを除いて冷蔵で4日、冷凍で3週間程度**

## arrange recipe

### きんぴらつくね
**材料1人分（88kcal）**

鶏ひき肉30gに、きんぴらごぼう（またはれんこん塩きんぴら）のみじん切り大さじ1、溶き卵と片栗粉各小さじ1、みそ少々を混ぜ、ひと口大に丸めて焼く。

### きんぴらサンド
**材料1人分（151kcal）**

きんぴらごぼう（またはれんこん塩きんぴら）大さじ1、さいた蒸し鶏大さじ1、マヨネーズ小さじ1を混ぜ、ロールパン1個にはさむ。

## 切り干し大根にんじん煮

**材料　作りやすい分量（140kcal）**

切り干し大根（乾燥）
　………… 1/2カップ（20g）
にんじん…… 1/4本（40g）
油揚げ……… 1/2枚
サラダ油…… 小さじ1/2

A｜砂糖……… 小さじ1と1/2
　｜しょうゆ… 小さじ1
　｜塩………… 小さじ1/4
　｜水（またはだし汁）
　｜………… 1/2カップ程度

**作り方**

1. 切り干し大根はぬるま湯に浸してもどし、水気をきって長さ2cmに、にんじんは長さ3cm、5mm幅の棒状に切る。
2. サラダ油を熱した鍋で1を炒め、短冊切りにした油揚げ（油ぬきしない）、水を加え、Aを加えて混ぜ、汁気がなくなるまで煮る。

**保存期間｜冷蔵で3日、冷凍で3週間程度**

**Point**
切り干し大根は水よりお湯のほうが早くもどる。にんじんは煮くずれしやすいので、やや太めに切る。

### arrange recipe

**ケチャップライス**
材料1人分（166kcal）

切り干し大根にんじん煮大さじ2を長さ1cm程度に刻み、サラダ油適量で炒め、ご飯80g、ケチャップ小さじ1を加えて混ぜる。

**切り干し煮ナムル**
材料1人分（33kcal）

切り干し大根にんじん煮大さじ2、きゅうりのせん切り大さじ1を合わせ、塩、しょうゆ、ごま油、酢を少しずつ加えて混ぜ、白いりごまを軽く振る。

---

## ひじき煮

**材料　作りやすい分量（142kcal）**

芽ひじき（乾燥）
　………… 大さじ2（8g）
にんじん…… 1/4本（40g）
豚ひき肉…… 大さじ2（30g）
いんげん…… 1本（8g）

　｜水（またはだし汁）
　｜………… 1/2カップ程度
A｜砂糖……… 小さじ1
　｜しょうゆ… 小さじ2
　｜ごま油…… 小さじ1

**作り方**

1. 芽ひじきはぬるま湯に浸してもどし、水気をきる。にんじんは長さ2cmに切る。
2. ごま油を熱した鍋でひき肉、1を炒め、斜め薄切りにしたいんげん、水を加え、Aを混ぜて汁気がなくなるまで煮る。

**保存期間｜いんげんを除いて冷蔵で4日、冷凍で3週間程度**

**Point**
豚ひき肉を加えるとコクとうまみがアップ！　混ぜご飯や卵焼きにも使える。

### arrange recipe

**ひじき入り卵焼き**
材料1人分（95kcal）

卵1個を溶き、牛乳小さじ1、塩少々を加えて混ぜ、ひじき煮大さじ1を入れて焼く。

**ひじきかぼちゃ煮**
材料1人分（36kcal）

かぼちゃ30gをひと口大に切って水からゆで、火が通ったらひじき煮大さじ1、塩少々を加えて煮つめる。

常備菜〈おかず編〉

## 鶏ねぎそぼろ

**材料　作りやすい分量（289kcal）**

鶏ひき肉…100g
長ねぎ……1/2本(50g)
ごま油……小さじ1
しょうゆ…大さじ1
みりん……大さじ2

**作り方**

1. 長ねぎをみじん切りにする。すべての材料を鍋に入れ、ヘラでよく混ぜてから火にかけ、ポロポロになるまで混ぜながら炒める。

**保存期間｜冷蔵で3日、冷凍で3週間程度**

**Point**

火にかける前に材料を混ぜると、ひき肉が水分を含んで下味がつき、短時間でしっとり仕上がる。

### arrange recipe

**そぼろ混ぜご飯**
材料1人分（165kcal）

鶏ねぎそぼろ大さじ1をご飯80gに混ぜ、塩、しょうゆ各少々で味つけし、青のりを軽く振る。

**鶏そぼろコロッケ**
材料1人分（154kcal）

じゃがいも1/2個をゆでてつぶし、鶏ねぎそぼろ大さじ1、塩少々を加えて混ぜて小判形にする。水で溶いた小麦粉、パン粉をまぶして揚げる。

## 野菜の甘酢漬け

**材料　作りやすい分量（100kcal）**

にんじん（4cm輪切り）
　………1枚(40g)
れんこん（2cm輪切り）
　………1枚(40g)
かぶ………1/3個(40g)
パプリカ（黄）
　………1/3個(40g)

A
酢…………大さじ3
砂糖………大さじ1/2
塩…………小さじ1
水…………1/2カップ
だし昆布……5cm
ローリエの葉（あれば）
　…………1枚

**作り方**

1. にんじん、れんこんは厚さ5mmのいちょう切りにしてからゆでし、ひと口大に切ったかぶとパプリカも加えてゆで、火を止めてざるにあける。
2. 小鍋にAを入れて火にかけ、沸騰したら火を止める。1を加えて混ぜ、冷めたら冷蔵室で30分以上冷やす。

**保存期間｜冷蔵で4日程度**

**Point**

漬けることで野菜の水分が適度にぬけ、塩や酢の抗菌作用で保存性がアップ。シャキッとした食感で、かむ練習にもGOOD。

### arrange recipe

**ちらし寿司**
材料1人分（168kcal）

ご飯80gにすし酢小さじ1（P75参照、市販でもOK）を混ぜ、刻んだ甘酢漬けの野菜各1個分、鮭フレーク小さじ2（P74参照、市販でもOK）を混ぜる。

**卵サラダ**
材料1人分（84kcal）

ゆで卵1/2個（P30参照）をひと口大に切り、刻んだ甘酢漬けの野菜各1個分を混ぜ、マヨネーズ小さじ1であえる。

## 豆おかず

金時豆やひよこ豆などの乾物豆は、世界じゅうで食べられている栄養豊富な食品。ゆでる時間はかかりますが、まとめて作って保存しておけば、ハンバーグやサラダ、スープなどいろいろな料理に使えます。黒豆や花豆（紫や白など）、白いんげん豆（大福豆など）でも代用できます。

### 金時豆の薄甘煮

**材料　作りやすい分量（342kcal）**

金時豆……… 1/2 カップ（80g）
水………… 2 と 1/2 カップ
砂糖……… 大さじ 2
塩………… ひとつまみ

**作り方**

1. 圧力鍋に金時豆、水を入れてふたをし、強火にかけて圧がかかったら火を弱め、やわらかくなるまで15分ほど加熱する。

2. 砂糖、塩を1に加え、煮汁がなくなるまで10分ほど弱火で煮る。冷まして味を含ませる。

**保存期間｜冷蔵で3日、冷凍で3週間程度**

**Point**
圧力鍋なら浸水せず、そのまま煮ることができる。普通の鍋を使う場合は4時間以上浸水し、やわらかくなるまで中火で30分ほどゆでる。

### 応用　ひよこ豆の塩ゆで

**材料と作り方…作りやすい分量（299kcal）**

圧力鍋にひよこ豆（乾燥）1/2カップ（80g）、水2と1/2カップを入れてふたをし、強火にかけ、圧がかかったら火を弱めて、やわらかくなるまで15分ほど加熱する。塩小さじ1/4を加え、10分ほど煮る。

**保存期間｜冷蔵で3日、冷凍で3週間程度**

---

### arrange recipe

**さつまいも煮**
材料1人分（72kcal）

1cm輪切りのさつまいもを角切りにし、水からゆでて火が通ったら金時豆の薄甘煮（またはひよこ豆の塩ゆで）大さじ1程度を入れ、砂糖と塩各少々を加え、煮汁が少なくなるまで煮る。

**ケチャップソテー**
材料1人分（75kcal）

ロースハム（スライス）1枚、玉ねぎの粗みじん切り小さじ1をサラダ油で炒め、金時豆の薄甘煮（またはひよこ豆の塩ゆで）大さじ1程度を入れ、ケチャップ適量で味つけする。

# 常備菜 〈ふりかけ編〉

ご飯にのせたり、おにぎりに混ぜたりするほか、卵焼きやあえものなどおかずの素としても活躍します。手作りすればリーズナブルで添加物の心配もありません。

## 鮭フレーク

**材料と作り方…作りやすい分量（162kcal）**

甘塩鮭の切り身1切れ（70g）をフライパンで焼き、皮と骨をとってほぐす。汚れを拭いたフライパンにほぐした鮭を入れ、みりん小さじ2を加え、なじむまで炒める。

**保存期間｜冷蔵で4日、冷凍で3週間程度**

## ツナそぼろ

**材料と作り方…作りやすい分量（131kcal）**

ノンオイルのツナ缶1缶（80g）を缶汁ごとフライパンに入れ、強火で炒める。水分がなくなったらマヨネーズ小さじ2、しょうゆ小さじ1を混ぜ、汁気がなくなるまで炒め、青のり少々を振る。

**保存期間｜冷蔵で3日、冷凍で3週間程度**

## しらす青菜炒め

**材料と作り方…作りやすい分量（48kcal）**

かぶの葉2本分（40g、小松菜などの青菜でもOK）をみじん切りにし、ごま油小さじ1/2を熱したフライパンで炒める。しらす干し20gを加え、しょうゆ小さじ1/2を混ぜ、パラッとするまで炒める。

**保存期間｜冷蔵で3日、冷凍で3週間程度**

## 昆布佃煮

**材料と作り方…作りやすい分量（93kcal）**

刻み昆布（乾燥）1/2カップ（10g）をハサミで長さ1〜2cmに切り、水からゆでる。やわらかくなったらしょうゆ小さじ2、はちみつ大さじ1を加え、汁気がなくなるまで煮て、白いりごま少々を振る。

**保存期間｜冷蔵で4日、冷凍で3週間程度**

# 常備菜〈調味料編〉

合わせ調味料は、それひとつで味つけが決まる便利アイテム。市販品を選ぶ際は、化学調味料不使用で自然製法のものを使うと、おいしさに差が出ます。

## すし酢

**材料と作り方…作りやすい分量（161kcal）**
鍋に酢1/2カップ、砂糖大さじ3、塩小さじ1と1/2、だし昆布2cm（2g）を入れ、ひと煮立ちさせる。

**使用例**
酢めしの場合はご飯1合に対し、すし酢大さじ2を入れる。

**保存期間｜冷蔵で1週間程度**

## 麺つゆ

**材料と作り方…作りやすい分量（163kcal）**
鍋にしょうゆ大さじ4、みりんと水各大さじ2、砂糖大さじ1、だし昆布4cm（4g）、削り節4gを入れて火にかけ、沸騰したら弱火で5分ほど煮る。そのまま冷まし、ざるでこす（具は刻んで煮ものなどに利用）。

**使用例**
麺用つけつゆの場合は麺つゆと水を1：2の割合、煮ものの場合は麺つゆと水を1：4〜5の割合で混ぜる。

**保存期間｜冷蔵で1週間程度**

---

## 本書で使用した基本調味料

**a｜塩**
自然塩は精製塩よりもミネラルを多く含み、甘みも感じられておいしくなります。国産の海水塩がおすすめです。

**b｜しょうゆ**
伝統製法で作られた無添加しょうゆ。うまみがあり、塩やみそと合わせて使うことで味のバランスがとれます。

**c｜みそ**
タンパク質やミネラルなど、大豆の栄養もとれて味に深みが出ます。伝統製法で作られた無添加みそが◎。

**d｜砂糖・甘味料**
白砂糖よりも未精製のきび砂糖やてんさい糖、メープルシロップ、はちみつなどの天然甘味料がからだにもやさしいです。

**e｜みりん**
甘みに加え、くさみ消しやツヤ出しなどの効果も。アルコールを含むため、煮切る(煮立ててアルコール分をとばす)必要があります。1%未満のアルコール分に糖分などを加えたみりん風調味料でもOK。

**f｜酢**
まろやかな米酢のほか、穀物酢、りんご酢など、好みのものを使ってもいいでしょう。抗菌作用がありますが、酸味が苦手な場合は控えめに。

**g｜油**
主にサラダ油（種子を原料とし、低温でかたまらないよう精製された油でクセのない菜種油など）を使い、ごま油やオリーブオイルは風味をつけたいときに使います。

**h｜中濃ソース・ケチャップ・マヨネーズ**
塩分のほか、砂糖や香辛料などを含むため、味が濃くならないように注意して使用します。無添加のものがおすすめです。

# デコ弁テクニック

いつものおべんとうも
ちょっと手を加えることでかわいく変身。
見た目の華やかさが食欲アップにつながります。

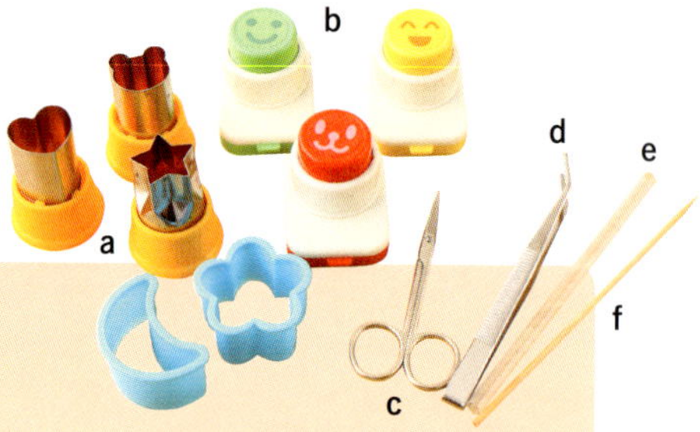

## デコ弁便利グッズ

**a｜抜き型**
野菜やハム、チーズなどを好みの型で抜くだけでパッと印象が変わります。小さめのものが便利です。

**b｜のりパンチ**
焼きのりをはさんで押すと、細かい目や口の形に抜け、おにぎりなどに表情をつけることができます。

**c｜小さいハサミ**
のりなどを飾り用に切るときに使います。眉切り用なら細かく切るときに便利。食品専用にして清潔に保ちます。

**d｜ピンセット**
細かいトッピングをするときに活用します。先の細い箸もはさみやすくて便利です。

**e｜ストロー**
太めのストローを2cmほどに切り、チーズなどをくり抜いて箸先で出せば、簡単に小さい丸形ができます。

**f｜竹串**
細かいものをはさんだり、穴をあけたり、筋をつけたりなど、細かい作業のときに活躍します。

## サンドイッチをデコ

**〈型抜きサンド〉** a を使用
材料1人分（各112kcal）
[上]型で抜いた2枚のパンにジャム小さじ2をはさむ。[下]パンを2枚重ねて四角に切り、1枚の中央を型で抜いて、ジャム小さじ2をはさむ。

**〈ミニカーパン〉**
材料1人分（125kcal）
1/4に切ったベーグル（下図参考）を立て、中央を四角く切りとる。ゆでてつぶしたじゃがいも大さじ1と牛乳小さじ1/2と塩少々を混ぜたものを詰め、半分に切ったミニトマト、輪切りのきゅうりをのせる。加熱して1cm幅に切ったウインナーソーセージ4個を車輪の位置に合わせ、短く折ったスパゲッティでとめる。

上から
（ベーグル）

## ご飯をデコ

**〈お花のご飯〉** a を使用
材料1人分（181kcal）
味をつけたご飯100gの上に型抜きしたにんじん5枚、薄切りにしたいんげん1本分の塩ゆで、ホールコーン小さじ2をのせる。

**〈くまさんおにぎり〉** b を使用
材料1人分（100kcal）
しょうゆ少々を混ぜたご飯50gをラップで丸くにぎり、小さいおにぎり2個で耳に見立て、丸く切ったスライスチーズ、のりパンチで切ったのりの目（楕円形2枚）、鼻、口をつける。

**〈かえるおにぎり〉** b を使用
材料1人分（95kcal）
青のりと塩を少しずつ混ぜたご飯50gをラップで丸くにぎり、丸く切ったスライスチーズを目の位置にのせ、のりパンチで切ったのりの目（丸形2つ）と鼻（丸を半分に切る）、口をつける。

### ミニトマトをデコ

〈ミニトマトカップ〉
材料 1個分 （14kcal）

ヘタをとったほうを下にし、上1/3を切りとる。タネを出し、マッシュポテト適量を詰める。黒ごまで目をつけ、切りとったミニトマトを小さく切り、耳と口をつける。

### ウインナーの飾り切り※

材料 1本分 （48kcal）

※切りこみを入れたらフライパンで炒め、水を少し入れて蒸し焼きにする。

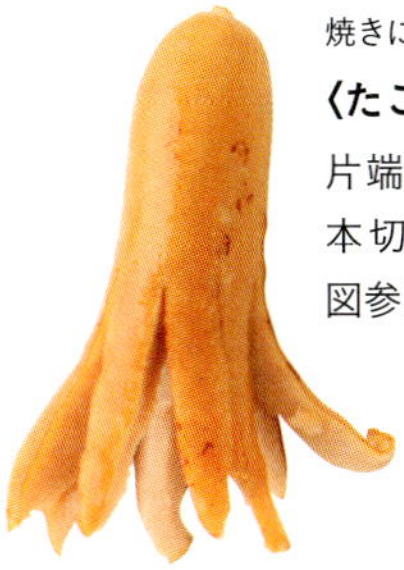

〈たこさんウインナー〉
片端を長さ半分まで4本切りこみを入れ（下図参照）、8等分にする。

〈かにさんウインナー〉
両端に3本切りこみを入れて4等分にし、目の位置に小さく切りこみを入れる（下図参照）。

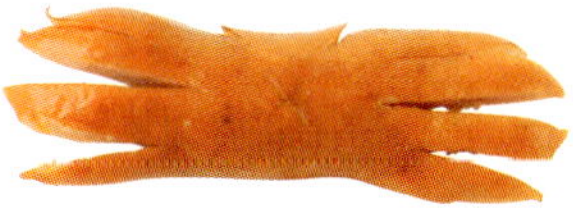

上から　横から

### フルーツの飾り切り

〈みかんの花形切り〉
材料 1/2個分 （14kcal）

みかんの高さ半分のラインを中心に、ペティナイフの先を中心に向かってジグザグに入れ（右図参照）、切り離す。

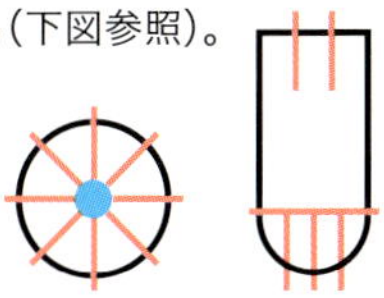

〈キウイの花形切り〉
材料 15g分 （8kcal）

キウイの皮をむき、厚さ1cmの輪切りにし、5等分にした位置で三角形に切りとり（右図参照）、角を少しずつ切って花形に整える。

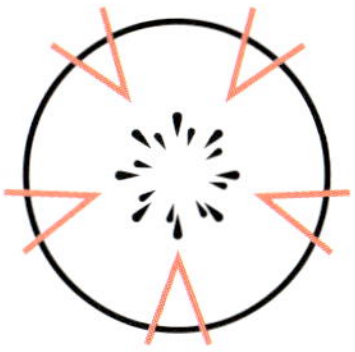

〈お花風ウインナー〉
半分に切った切り口に3本切りこみを入れて6等分にする。先端の丸み部分を切って平らにし、切り落とした部分を小さく切って切りこみの中心●に入れる（下図参照）。

### 薄焼き卵の飾り切り

材料 卵1/2個分 （46kcal）

〈型抜き卵〉　a を使用

薄焼き卵を星形の抜き型で抜く。

〈うさぎりんご〉
材料 1/8個分 （11kcal）

8等分にして芯をとったりんごに三角に切りこみを入れ、端から切りこみの中心位置まで皮をむく。

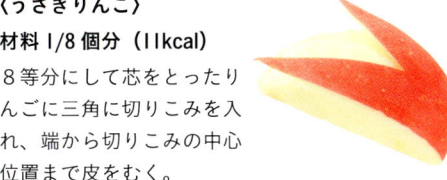

〈薄焼き卵のお花〉

薄焼き卵の上下を切り、6cm幅の帯状にする。半分に折り、端1/4を残して折り目側に切りこみを入れて（下図参照）巻いて立て、花の形に整える。

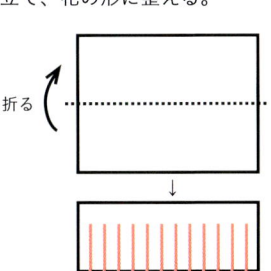

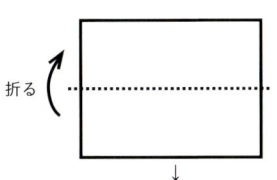

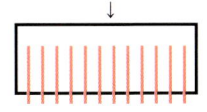

〈市松りんご〉
材料 1/8個分 （11kcal）

8等分にして芯をとったりんごの端を切って四角形にし、縦横2本ずつ切りこみを入れ、角と中央の皮を切りとる。

折る

77

## 特別な日のおべんとう

**エネルギー／406kcal**　**タンパク質／16.3g**　**脂質／16.1g**

お誕生日やお祝いの日に。子どもに人気のおかずを集めた
ちょっとうれしいおべんとうです。

### 朝がラク！
#### 前日にできる下準備

- 豆腐入りミートボール……… 木綿豆腐と玉ねぎを切って加熱する（作り方1）
- カラフルポテトサラダ……… 野菜を切ってゆでる（作り方1）

## クリームチーズ＆ジャムサンド

### 材料1人分（239kcal）
ベーグル(好みのパンでもOK)
　　……………… 1/2個(60g)
クリームチーズ …… 大さじ1 (18g)
ブルーベリージャム … 小さじ2

### 作り方
1. パンの厚みを半分に切り、4等分にする。
2. やわらかくしたクリームチーズをぬり、ジャムをのせてはさみ、ワックスペーパー（またはクッキングシート）で包む。

## 豆腐入りミートボール

### 材料1人分（104kcal）
豚ひき肉 …………… 大さじ2 (30g)
木綿豆腐 …………… 大さじ1 (15g)
玉ねぎ ……………… 1/10個(20g)
パン粉 ……………… 小さじ2
塩、こしょう ……… 各少々
サラダ油 …………… 小さじ1/2
A｜ケチャップ …… 小さじ1/2
　｜しょうゆ ……… 小さじ1/2
　｜砂糖 …………… 小さじ1/2
　｜片栗粉 ………… 小さじ1/4
　｜水 ……………… 大さじ2

### 作り方
1. 木綿豆腐と、みじん切りにした玉ねぎを一緒に電子レンジで1分加熱し、水気をきって冷ます。
2. 豚ひき肉、1、パン粉、塩、こしょうを混ぜ、3等分にして丸める。
3. 温めてサラダ油をひいたフライパンに2を並べ、ふたをして両面を焼き、混ぜたAを全体にからめる。

## カラフルポテトサラダ

### 材料1人分（63kcal）
じゃがいも ………… 1/4個(30g)
マヨネーズ ………… 小さじ1
塩 …………………… 少々
ブロッコリー ……… 小房1個(20g)
パプリカ(赤、1.5cm角)
　　……………………… 1切れ
ホールコーン ……… 小さじ1

### 作り方
1. じゃがいもを薄切りにし、水からゆでる。4等分にしたブロッコリー、星型で抜いたパプリカも一緒にゆでてざるにあける。
2. 水気をきったじゃがいもをつぶし、マヨネーズと塩を混ぜ、おかずカップに入れる。コーン、ブロッコリー、パプリカを飾る。

---

### column
**簡単にできるスペシャルデコアイデア**

市販のデコレーショングッズを利用したり、身近にあるもので簡単に飾ると、いつもとちょっと違うおべんとうになります。

サンドイッチなどを1個ずつワックスペーパー（またはクッキングシート）で包み、好みのシールやマスキングテープでとめます。

折り紙を3つに折り、下を小さく折ってシールなどでとめればかわいい箸袋に。

長方形に切った折り紙の裏にノリをぬり、中心につまようじをのせて半分に折ると手作りピックが完成。つまようじのとがった部分はハサミで切って安全に。

イベントべんとう

エネルギー／2551kcal　タンパク質／107.6g　脂質／59.3g

## イベントべんとう

運動会や持ち寄りパーティなど、「ここぞ」というときのがんばりべんとう。前日に下準備したり、生で食べられる野菜やうずら卵の水煮、フルーツ缶など、時短食材をうまく活用しましょう。

**朝がラク！**

### 前日にできる下準備

- ●鮭入りいなりずし……………油揚げを煮る（作り方❶）、鮭フレークとすし酢を作る（P74～75 参照）、枝豆をゆでてさやから出す
- ●鶏とうずら卵のレモン煮………鶏肉を切る（作り方❶）
- ●焼き野菜………………………野菜を切る（作り方❶）
- ●フルーツゼリー…………………完成 OK！※冷蔵保存
- ●そのほか………………………きゅうりの塩もみをする

## 鮭入りいなりずし

**材料 4人分（1172kcal）**

油揚げ……………… 4枚
A ｛水……………… 1と1/2カップ
　　しょうゆ……… 大さじ2
　　砂糖…………… 大さじ2｝
ご飯………………… 400g
すし酢(P75参照、市販でもOK)
　……………………… 大さじ2
鮭フレーク(P74参照、市販でもOK)
　……………………… 50g（鮭1切れ分）
枝豆(ゆで、むき)…… 16粒

**作り方**

1. 油揚げは熱湯をまわしかけて油ぬきし、菜箸を上で転がし、半分に切って袋状に開く。Aで10分ほど煮て、そのまま冷ます。
2. 温かいご飯にすし酢、鮭フレークを混ぜて冷ます。8等分にし、俵形ににぎる。
3. 1の煮汁をしぼり、2を詰めて枝豆を2粒ずつのせる。

## 鶏とうずら卵のレモン煮

**材料 4人分（603kcal）**

鶏もも肉…………… 大1枚(250g)
塩…………………… 小さじ1/2
薄力粉……………… 大さじ2
サラダ油…………… 小さじ1
A ｛しょうゆ……… 大さじ1
　　みりん………… 大さじ1
　　砂糖…………… 大さじ1
　　レモン汁……… 小さじ1｝
うずら卵(水煮)…… 8個

**作り方**

1. 鶏肉をひと口大に切り（12等分）、塩と薄力粉を振り、サラダ油を熱したフライパンで焼く。
2. A、うずら卵を加え、混ぜながら汁気がほぼなくなるまで煮つめる。

## 焼き野菜

**材料 4人分（120kcal）**

とうもろこし……… 1本
グリーンアスパラ… 4本
塩…………………… 少々
サラダ油…………… 小さじ1/2

**作り方**

1. とうもろこしは皮をむき、ラップで包んで電子レンジで2分加熱し、厚さ2cmの輪切りにする。アスパラは根元のかたい部分の皮をむき、4等分にする。
2. サラダ油を熱したフライパンに1を並べ、色づくまで焼き、塩を振る。

**Point**

とうもろこしのかわりに、かぼちゃやにんじんなどでもOK。

## わかめおにぎり

**材料 4人分（343kcal）**

ご飯………………… 200g
わかめふりかけ(市販)
　……………………… 適量

**作り方**

1. ふりかけを混ぜたご飯を4等分にしてにぎる。

**Point**

おかずカップに入れてべんとう箱に詰めると、食べるときにとり出しやすい。

## フルーツゼリー

**材料 90ml容器4個分（264kcal）**

りんごジュース(果汁100%)
　……………………… 3/4カップ
粉寒天……………… 小さじ1/2
フルーツ缶(カットパイン、みかん)
　……………………… 各8切れ(計150g)
缶詰の汁…………… 1/4カップ

**作り方**

1. 鍋にりんごジュース、粉寒天を入れ、混ぜて火にかけ、沸騰したら缶詰の汁を入れて火を止める。
2. 容器に1を入れ、フルーツを入れ、冷蔵室で30分以上冷やし固める。

## そのほか

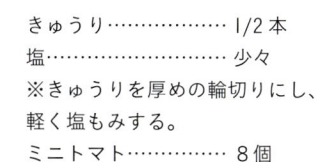

きゅうり…………… 1/2本
塩…………………… 少々
※きゅうりを厚めの輪切りにし、軽く塩もみする。
ミニトマト………… 8個

## column

### イベントべんとうを段どりよく作るには？

**1 事前に計画を立てる**
- メニューを決めて材料を買う。
- 作業の手順を考える。

**2 前日に下準備する**
- 肉に下味をつける、野菜を切るなど、調理可能なものは仕込む。
- おべんとうグッズ（とり皿、カトラリー、シートなど）、飲み物を準備する。

**3 当日の朝に仕上げ**
- ご飯を炊く。
- 生野菜や果物を切って冷蔵室に入れる。
- 加熱調理が必要なおかずを作って冷ます。
- べんとう箱に盛りつける。

# デザート

ビタミンや食物繊維が豊富な野菜やフルーツ、いも類と、カルシウムやタンパク質が豊富な乳製品を組み合わせた栄養満点のデザートです。手軽に作れるので、おやつにもぴったり！

## フルーツヨーグルト

**材料と作り方…1人分（79kcal）**

小さいざるにキッチンペーパーをのせ、プレーンヨーグルト（無糖）100gを入れ、冷蔵室で15分ほどおいて水きりする。砂糖小さじ1/2を加えて容器に入れ、キウイやみかんなど、好みのフルーツ20gをひと口大に切ってのせる。

## フルーツさつまいもきんとん

**材料と作り方…1人分（90kcal）**

2cm輪切りのさつまいも1枚（40g）は皮をむき、薄く切って水にさらしてゆでる。汁気をきり、パイン缶の缶汁大さじ1を加えてつぶし、小さく切ったパイン小さじ2（20g）、レーズン小さじ1を混ぜる。

## かぼちゃオレンジかん

**材料と作り方…1人分（86kcal）**

かぼちゃ（皮なし）50gを薄く切って水からゆでる。火を止めて、オレンジジュース1/4カップ、粉寒天小さじ1/4、砂糖小さじ1と1/2を加え、再び沸騰するまで煮て、マッシャーでつぶす。ラップを敷いた密閉容器の1.5cmの高さに流し入れ、冷蔵室で30分ほど冷やし固める。好みの型で抜く。

## ほうれんそう入り焼きドーナツ

**材料と作り方…2個分（183kcal）**

ゆでたほうれんそう小さじ2の水気をきり、みじん切りにする。砂糖小さじ2、塩ひとつまみ、牛乳（または豆乳）大さじ2、サラダ油小さじ1と合わせてよく混ぜる。薄力粉大さじ4、ベーキングパウダー小さじ1/3を加えてまとめる。2等分にして丸め、穴をあけてドーナツ型に整える。サラダ油を少しぬり、アルミホイルに並べてトースターで10分ほど焼く。

## part 3

# 3歳からの
# すくすく食育講座

子どもが毎日健康に過ごせるように
「食べる力」を育てることを「食育」といいます。
どんな栄養が必要で、何をどのくらい食べればいいのか、
幼児期の食生活のポイントを知っておきましょう。
食事の悩み別解決法もご紹介します。

# からだに必要な栄養素とは？

「栄養」とは、食べたものを消化・吸収して体内にとりこみ、からだを成長させて機能を保つ働きのこと。各食品に含まれる成分を「栄養素」といいます。

## 栄養素の主な働き

- エネルギーを作る
- からだを作る
- からだの調子を整える

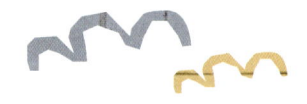

## 栄養素の種類

栄養素はたくさんありますが、大きく5つに分けられます。なかでも、「炭水化物・タンパク質・脂質」を「3大栄養素」と呼び、これに「ビタミン・ミネラル」が加わって「5大栄養素」となります。それぞれに役割があり、お互いがかかわり合って、上のような働きをします。栄養素は不足しても、とりすぎてもからだによくない影響を及ぼすため、"いろいろな食品をバランスよく"食べる必要があります。

## 5大栄養素をバランスよくとろう！

### 成長に必要なエネルギー源
**炭水化物**

主成分の糖質は、からだや脳の成長・発達が盛んな子どもには特に必要なエネルギー源。不足すると集中力の低下にもつながる。砂糖もエネルギー源となるが、とりすぎると虫歯や肥満、食欲低下の原因になるので要注意！

### からだを作る細胞の主成分
**タンパク質**

消化によって20種類のアミノ酸に分解され、そのうち9種類は必須アミノ酸と呼ばれ、食べ物からとることが必要。不足すると免疫力が低下したり、成長障害を起こすが、とりすぎると腎臓に負担がかかる。

### 細胞膜や血液を構成する
**脂質**

エネルギー源となり、細胞膜や血液を構成してホルモンを合成する働きがある。とりすぎると消化不良や肥満の原因に。肉や牛乳に多く含まれる飽和脂肪酸は動脈硬化や高血圧症に関係し、魚や植物油に多く含まれる不飽和脂肪酸はそれを予防するとされる。

### からだの働きを整える
**ビタミン**

ビタミンAは目や皮膚を健康に保ち、ビタミンBはほかの栄養素の働きを助け、粘膜強化や発育促進に。ビタミンCは抵抗力を高め、ビタミンDは骨を健康に保つ。ビタミンEには抗酸化作用があり、血行促進に効果的。

### 骨や筋肉を丈夫にする
**ミネラル**

カルシウムは丈夫な骨や歯を作る。鉄分は貧血予防になり、亜鉛は不足すると味覚障害の原因に。ナトリウムは消化液の分泌を促し、カリウムは体内の余分な水分や塩分を排泄して細胞の働きを正常にする。

### ＋
**水・食物繊維も忘れずに**

幼児のからだの約7割は水分なので、十分な水分補給が必要。食物繊維は野菜や海藻、豆類などに多く含まれ、腸内環境を整えて有害物質を排泄する働きがある。

# 栄養をバランスよくとるためには？

1日に必要な栄養素を過不足なくとるために、基準となるものさしを覚えておくと簡単にチェックができます。そのものさしとなるのが、食品を栄養素と体内での働きによって6種類に分類した「6つの基礎食品群」です。なるべく偏らないように、6つの中から組み合わせて食べると、自然と栄養バランスがよくなります。

## 第1群 タンパク質の多い食品
大豆はカルシウムやビタミン、ミネラルも豊富！

牛肉・豚肉・鶏肉・さんま・あじ・いわし・鮭・まぐろ・えび・いか・あさり・卵・大豆・大豆製品・きな粉・みそなど

## 第2群 カルシウムの多い食品
牛乳のかわりに豆乳でもOK。乾物（寒天など）も活用。

牛乳・乳製品（ヨーグルト、チーズなど）・海藻（ひじき、わかめなど）・小魚（しらす干し、桜えびなど）・豆類（金時豆など）・小松菜など

## 第3群 ビタミンAの多い食品
主に緑黄色野菜で、からだの各機能の調整にも働く。

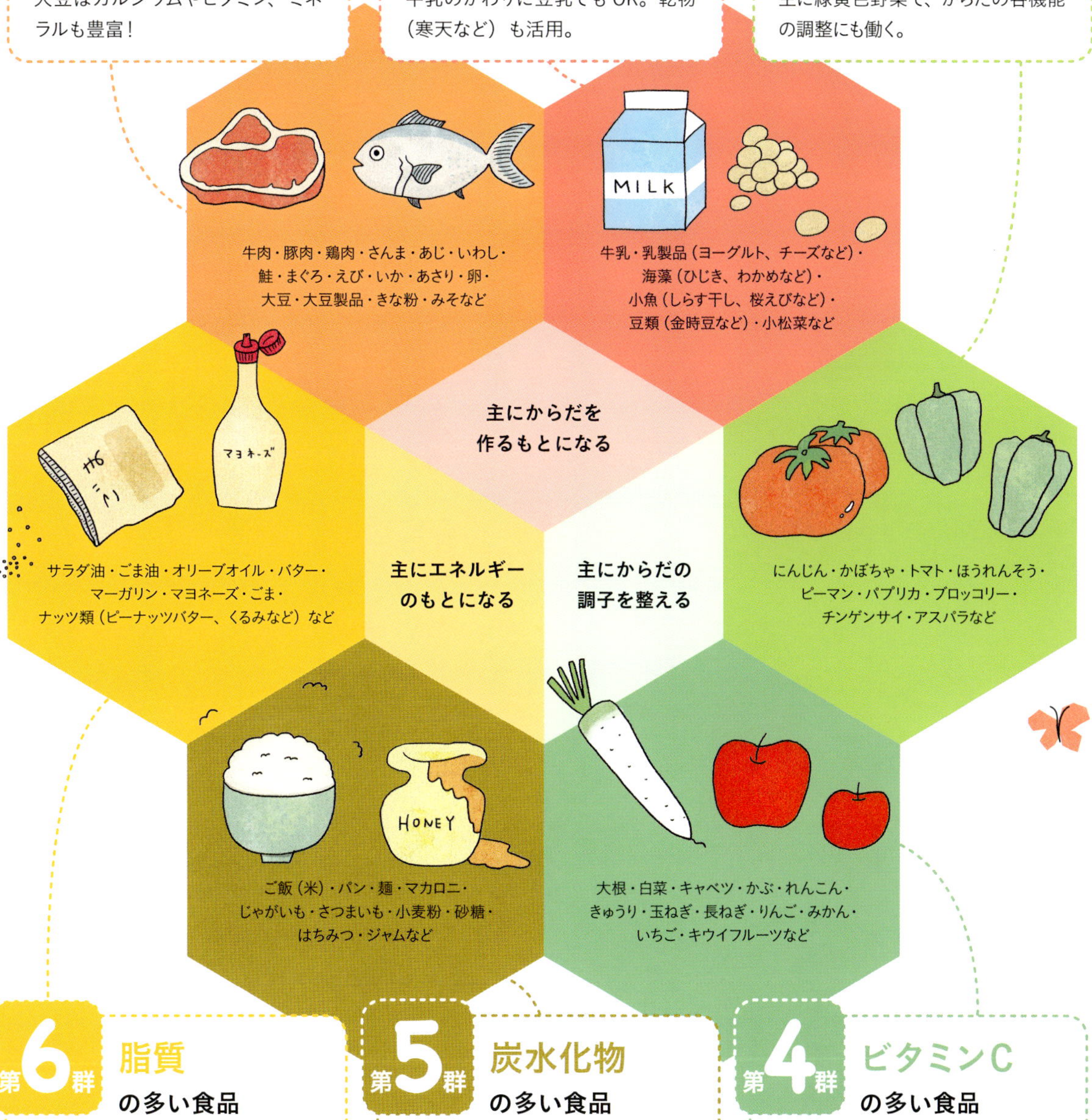

にんじん・かぼちゃ・トマト・ほうれんそう・ピーマン・パプリカ・ブロッコリー・チンゲンサイ・アスパラなど

**主にからだを作るもとになる**

**主にエネルギーのもとになる**

**主にからだの調子を整える**

## 第6群 脂質の多い食品
揚げものや菓子パンなど、油脂を多く含む食品は控えめに。

サラダ油・ごま油・オリーブオイル・バター・マーガリン・マヨネーズ・ごま・ナッツ類（ピーナッツバター、くるみなど）など

## 第5群 炭水化物の多い食品
砂糖よりもゆっくり血糖値を上げる穀物をしっかりとって。

ご飯（米）・パン・麺・マカロニ・じゃがいも・さつまいも・小麦粉・砂糖・はちみつ・ジャムなど

## 第4群 ビタミンCの多い食品
主に淡色野菜や果物で、抵抗力を高める効果も。

大根・白菜・キャベツ・かぶ・れんこん・きゅうり・玉ねぎ・長ねぎ・りんご・みかん・いちご・キウイフルーツなど

# 何をどのくらい食べればいい？

「主食」「主菜」「副菜」に、「汁もの」や「フルーツ」をプラスすれば、不足分の栄養素を補えて、水分補給にもなります。ここでは「日本人の食事摂取基準」（厚生労働省 2015年版）をもとに、幼児期（3〜5歳）の食事の目安量をご紹介します。

## 1日に必要なエネルギーと3大栄養素の目安（3〜5歳）

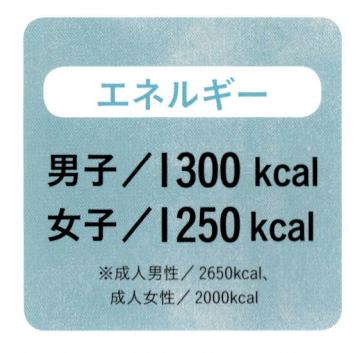

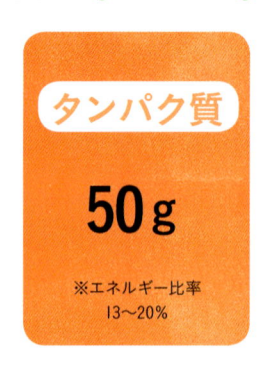

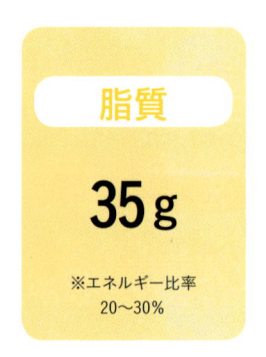

**エネルギー**
男子／1300 kcal
女子／1250 kcal
※成人男性／2650kcal、成人女性／2000kcal

**炭水化物**
190g
※エネルギー比率 50％〜65％

**タンパク質**
50g
※エネルギー比率 13〜20％

**脂質**
35g
※エネルギー比率 20〜30％

※成人＝30〜49歳、身体活動レベルⅡ（普通）の目安。

## 幼児期（3〜5歳）の1日分の食品例と目安量

上のエネルギーと3大栄養素の数値をほぼ満たすために、「主食」「主菜」「副菜」「牛乳・乳製品」ごとの具体的な食品例で摂取量の目安を表しました。これらを3回の食事＋おやつに分けてとります。なるべく同じ食品に偏らないよう、同じグループ内でまんべんなくとるようにします。毎日すべてとれなくても、1週間のなかでバランスよくとれているか確認するといいでしょう。

**主食**（ご飯・パン・麺）

- ご飯 300g
- 食パン 1枚（6枚切り）
- ゆでうどん 2/3玉

※ご飯1食分（100g）をパンや麺にかえてもOK。

## 主菜
（肉・魚・卵・豆腐）

- 30g　肉（豚薄切り肉など）
- 35g　魚（まぐろなど）
- 2/3個　卵
- 1/8丁 40g　豆腐

## 副菜
（野菜・果物・いも類）

- 60〜90g　緑黄色野菜（にんじん・トマトなど）
- 90〜130g　淡色野菜（白菜・きゅうりなど）
- 100〜150g　果物（みかんなど）
- 40g　いも類（さつまいもなど）

## 副菜
（海藻・きのこ類）

- 5g　海藻（わかめなど）
- 10g　きのこ類（しめじなど）

## 牛乳・乳製品

- 150mℓ　牛乳
- 100mℓ　乳製品（プレーンヨーグルトなど）

# 1日分の栄養がとれる献立例

1日分の食事の目安量をもとに考えた1日の献立例をご紹介します。おべんとうにできない汁ものを朝食や夕食にとり入れたり、よくかむおやつを用意するなど、栄養バランスを整えるための工夫を紹介しています。2つの例を参考に、食材を使いまわしたり、まとめ作りしたおかずや常備菜、市販品も利用しながら、できる範囲で食事の用意をしていきましょう。

▶▶▶ 献立例1　作りやすくて食べやすい平日のやりくりメニュー例

**朝食　352kcal**

●ゆかりおにぎり
材料1人分 (204kcal)
ご飯120gにゆかり少々を混ぜて2等分にしてにぎり、焼きのりを巻く。

●しらす青菜卵焼き
材料1人分 (60kcal)
溶いた卵1/2個分にしらす干し小さじ1と、みじん切りのかぶの葉小さじ1、しょうゆ少々を入れ、サラダ油を薄く熱したフライパンで焼く。

●わかめみそ汁
材料1人分 (19kcal)
だし汁150ccで、かぶ20g、わかめ(乾燥)小さじ1/2を煮て、麩1個を加え、みそ小さじ1を混ぜる。

●フルーツヨーグルト
材料1人分 (69kcal)
プレーンヨーグルト(無糖)80g、ひと口大に切ったメロン20gを器に盛り、ブルーベリージャム小さじ1をかける。

## 脳が目覚める主食とカルシウムをとろう

時間のない朝は、簡単にできて食べやすいものを。
しらす干しやわかめ、乳製品などのカルシウム源も朝食の常連に。

### カレーライスべんとうで主食＋主菜＋副菜を手軽に

●カレーライス (385kcal)
●キャベツとりんごのサラダ (17kcal)
※レシピはP25参照

**昼食　402kcal**

## おやつ 183kcal

### エネルギーと水分を補給

おやつは市販品で OK。よくかんで食べるかためのものに、ビタミン豊富な果物、カルシウム豊富な乳製品をプラスして。

- ●ごませんべい3枚（18g、74kcal）
- ●みかんジュース100cc（果汁100%、41kcal）
- ●キャンディチーズ4個（20g、68kcal）

## 夕食 343kcal

### ●けんちんうどん
材料1人分（178kcal）

刻んだ大根、にんじん各20g、ごぼう10gを少量のごま油で炒め、水1カップ、刻んだえのき5g、油揚げ1/10枚分を加え、ゆでうどん2/3玉、麺つゆ（P75参照、市販でもOK）小さじ2を入れて煮る。

### ●まぐろとさつまいものから揚げ
材料1人分（152kcal）

まぐろ30gは5mmの厚さに切る。さつまいも30gは厚さ5mmの短冊切りにして水にさらし、水気をきる。麺つゆ（P75参照、市販でもOK）小さじ1をからめ、片栗粉適量をまぶして揚げる。

### ●ゆで枝豆
6本（13kcal）

## 具だくさんのうどんは1品でもバランスばっちり

おべんとうには入れられない汁ものの麺料理を朝食・夕食でとり入れて。
うどんがやわらかい食感なので、揚げものなど好きな料理でよくかむ練習をします。

### 献立例1のチェックポイント

**TOTAL**
- エネルギー……1280kcal
- 炭水化物……201.7g
- タンパク質…42.3g
- 脂質…………31g

朝食とおやつにボリュームをもたせると、昼食が1品メニューや軽めの場合でもおなかがもちます。ビタミン・ミネラルが豊富なわかめやのり、枝豆など、手間のかからない食品を使うと、手軽に栄養バランスを整えることができます。

▶▶▶ 献立例2　**食べやすいパンや麺をとり入れたメニュー例**

**朝食**　356kcal

● **ピザトースト**
材料1人分（195kcal）
食パン8枚切り1枚にケチャップ小さじ1をぬり、ピザ用チーズ大さじ1をのせ、せん切りにしたピーマン1/4個分、短冊切りにしたロースハム（スライス）1/2枚分をのせてトーストし、4等分に切る。

● **ポテトコーンスープ**
材料1人分（133kcal）
スライスしたじゃがいも30g、玉ねぎ20gを少量の油で軽く炒め、だし汁1/2カップを入れて煮る。ホールコーン大さじ2、牛乳1/2カップ、塩を加えて混ぜる。

● **みかん**
1個（60g、28kcal）

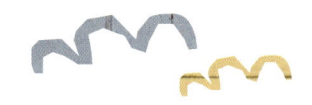

## 野菜と果物をプラスしてビタミン補給

パンだけでなく、具をのせることでおかずもとれます。スープは前日の残りやインスタントも利用して。

**昼食**　327kcal

## 麺と一緒に野菜がとれる焼きそばべんとうに

● **シーフードソース焼きそば**（285kcal）
● **ゆで卵**（38kcal）
● **ミニトマト1個**（4kcal）
※レシピはP30参照

## おやつは第4の食事
## 夕食に影響しない程度に

ビタミンやミネラル強化のシリアルと牛乳、果物で
おべんとうの不足分をフォロー。

**おやつ** 201kcal

### ●バナナコーンフレーク
**材料1人分（201kcal）**
器にコーンフレーク（無糖）1/2カップ、輪切りのバナナ1/4本分、レーズン小さじ1を盛り、はちみつ小さじ1、牛乳1/2カップをかける。

**夕食** 374kcal

### ●ご飯
120g（202kcal）

### ●ひじきとかぼちゃのサラダ
**材料1人分（42kcal）**
小鍋に芽ひじき（乾燥）小さじ1、角切りのかぼちゃ20g、水を入れてゆでる。水気をきり、ごま油小さじ1/2、しょうゆ、すし酢（P75参照、市販でもOK）各小さじ1/4であえ、冷蔵室で冷やし、半分に切ったミニトマト1個分を添える。

### ●豚しゃぶ鍋
**材料1人分（130kcal）**
鍋にだし汁1カップ、半月切りのにんじん20gを入れて煮る。ざく切りの白菜20g、ほぐしたしめじと斜め薄切りにした長ねぎ各10g、角切りにした豆腐25gを入れ、火が通ったら半分に切った豚しゃぶしゃぶ用薄切り肉25gを入れてほぐす。器に盛り、みそ、砂糖、白すりごま、だし汁各小さじ1、しょうゆ小さじ1/4を混ぜ合わせたたれをかける。

## 家族で鍋を囲む楽しさを味わおう

味つけなしのご飯をお茶碗によそって、食器を持って食べる習慣を。
簡単な鍋料理やサラダで栄養バランスがアップ。

### 献立例2のチェックポイント

**TOTAL**
エネルギー…1258kcal
炭水化物……192.8g
タンパク質…44.8g
脂質…………33.7g

ひじきやごま、牛乳をかけたシリアルなど、鉄分とカルシウムが豊富な食品を意識してとり入れることで不足を補います。ご飯など、炭水化物を多く含む主食をしっかり食べて、肉や野菜を鍋などの食べやすい料理でとり入れると栄養バランスがとれます。

# 知っておきたい 幼児食の基礎知識

幼児期（3〜5歳）にかけても、子どもはからだも心も大きく成長・発達します。その度合いに応じた食事内容や食べさせ方、子どもへの接し方などを考えて、毎日の食事作りに役立てましょう。

## 幼児食って何？

「幼児食」とは、離乳食が終わる1歳半ころ〜5歳くらいまでの食事のこと。ほとんどの食品が食べられるようになり、1日3回の食事が規則正しくできるようになりますが、大人と同じメニューでも食べやすい大きさにしたり、うす味にするなど、まだ配慮が必要です。個人差も大きく、好き嫌いも出てきますが、少しでもバランスよく食べられるよう、子どものようすを見ながら工夫することが大切です。

## 幼児期（3〜5歳）の成長・発達の目安と食事のようす

赤ちゃんのころからくらべると食べ方や食事内容も大きく進歩しますが、まだ大人と同じようにはできません。かむ力や消化力も大人にくらべると未熟です。発達には個人差がありますが、まずは、幼児期（3〜5歳）の成長の目安と食事のようすを知っておきましょう。

### からだと心が大きく成長する

＊3〜5歳のあいだに平均して身長が15cm程度のび、体重が4kg程度ふえる（あくまでも目安）。
＊基本的な運動能力が身につく。
＊相手に気持ちを伝えられるようになる。
＊ルールを守って行動できるようになる。

### 歯が生えそろいかむ力が身につく

＊上下の乳歯20本が生えそろう。
＊かむ力が強くなる。
＊5歳ころから永久歯に生え変わる。

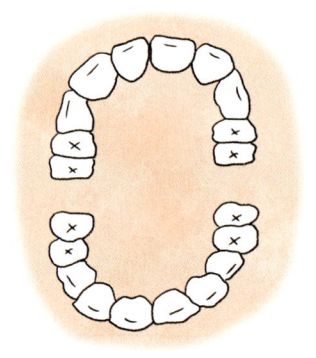

### 自分の力で食事ができるようになる

＊落ち着いて席に座って食事できるようになる。
＊箸が使えるようになる。
＊大人の言葉がある程度理解できるようになり、自分で考えて食べられるようになる。

# 幼児期（3～5歳）でできるようになりたい！　食事マナー

幼児期は、からだの機能や心の発達により、一般的な食事マナーも身につけられる時期。この時期に間違ったクセがつくと、あとで直すのに苦労することも。「まわりの人と楽しく食べるために食事マナーがある」ことを伝え、子どものようすを見て、声をかけながら覚えさせましょう。

## マナー 1　箸を上手に持つ

手指の機能が発達する幼児期は、箸を使う練習にも最適。間違った持ち方を覚えると、あとで直すのに苦労します。正しい持ち方を覚えるまで声をかけてじっくり見てあげて。

＊手の大きさに合った長さで、持ちやすい形や材質の箸を選ぶ。
＊箸先をしゃぶらない、箸で食器を動かさないなど、箸のマナーを教える。

## マナー 2　姿勢よく食べる

姿勢が悪いと食べ物をこぼしたり、のどに詰まらせる恐れがあるだけでなく、見た目も格好悪いです。姿勢よく座ると、腹筋や背筋を鍛えることにもつながります。

＊テーブルと椅子の高さが合っているかを確認。
＊おなかとテーブルはこぶし1つ分の距離。
＊足の裏が床（または踏み台）に着いて安定して座れるようにする。

## マナー 3　食器を持って食べる

お茶碗など、手に持てる食器は持ち上げて食べるのが日本食のマナー。ご飯と汁ものをそれぞれ持ち上げて食べることを家庭での食事で経験させましょう。

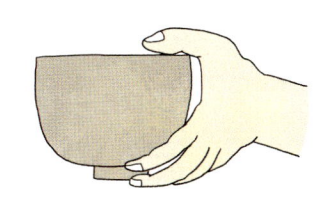

＊器の底（糸じり）と縁を手ではさむように持てるサイズや材質を選ぶ。

## マナー 4　平皿は手で押さえる

平皿など、手に持てない食器は、箸などを持つ手の反対の手で押さえます。片手がテーブルの下にあったり、ひじをつくクセがある場合は、繰り返し声をかけて。

＊箸やスプーンなどを持たない手は、食器に添えて動かないように。

## マナー 5　「三角食べ」を基本に

ご飯と汁もの、おかずを交互に食べることで、口の中でおいしさをより味わうことができます。1点集中の「ばっかり食べ」にならないよう、心がけましょう。

＊左にご飯、右に汁もの、奥におかずを置いて交互に食べる。

## 「食べたい！」につなげるために
## 幼児食で大切にしたい6つのこと

### 1 生活リズムを整える
早寝早起きでしっかり睡眠をとることと、からだをたくさん動かして遊ぶことが、1日3回の食事を「おなかがすいて、おいしく食べる」ことにつながります。

### 2 自分でおいしく食べる
自分の力で食事ができるように、正しい姿勢で、リズムよく食べることを繰り返し伝えていきます。また、食べやすいようにおかずの大きさやかたさなども工夫します。

### 3 みんなで楽しく食べる
子どもがひとりぼっちで食事することがないように気をつけます。家族や友だちなど、まわりの人と一緒に「おいしいね」などの会話をしながら食べる楽しさを伝えます。

### 4 味覚を育てる
子どもの味覚はさまざまな味を体験することで育ちます。素材のうまみや甘みを舌で感じて「おいしい」と思えるよう、濃い味や刺激的な味は控えます。

### 5 感謝の気持ちを育てる
「命をいただく」という「いただきます」「ごちそうさま」のあいさつの意味や、料理を作ってくれる人への感謝の気持ちを普段の食事から伝えていきます。

### 6 食事の手伝いをする
収穫や料理を体験して食べ物に触れるのも「食べたい！」につなげることに効果的ですが、食器を並べたり、盛りつけや味見をすることでも、食への関心や意欲が芽生えます。

## 子どもの成長はそれぞれ違う！
## 食事の悩みを解決するためには？

幼児期（3〜5歳）は、大人と同じものが食べられるように見えて、まだまだ成長過程の時期。食事の悩みも多いものです。次ページから、悩み別に解決へのヒントを紹介します。

- よくかんでくれない ▶P95へ
- あまり食べてくれない ▶P96へ
- 食べすぎが気になる ▶P97へ
- 好き嫌いをなくしたい ▶P98へ
- 食物アレルギーがある ▶P99へ
- からだの調子が悪い ▶P100へ

## 幼児食 お悩み解決室 1

# よくかんでくれない

奥歯が生えそろい、ほとんどのものが食べられるようになりますが、かむ力はまだ弱く、練習中の時期。口の中にためこんだり、丸飲みなどのトラブルもよく見られます。

### アドバイス

### 1 基本は「ひと口大」に

みじん切りのおかずは口の中でまとまらず食べにくいです。また、大人と同じ大きさだと口や歯の大きさに合わず、かめません。おにぎりは小さめ、おかずはひと口大を基本に、食べやすいサイズにします。

### 2 食感を楽しむ習慣をつける

きゅうりやりんごなど、カリカリと音がする食材をあげて「20回かんでみよう」と声をかけてかむ練習をします。かたすぎても食べにくいので、サラダにする野菜もサッとゆでると食べやすくなります。

### 3 うす味を心がける

添加物の多い加工品や、やわらかく味の濃いものは、味の刺激が舌にすぐ広がるので、かむ回数が少なくなりがちです。かむことでうまみや甘みを感じられるうす味に慣れると、よくかむことにつながります。

---

**Q** 肉が飲みこめず、いつまでも口の中に残ってしまいます

**A** ひき肉や薄切り肉を使いたれやあんで食べやすく

かめばかむほど水分がなくなり、繊維が残るため、ますます飲みこみにくくなることはよくあります。脂肪や筋の多い部位は避け、ひき肉や薄切り肉を使って、つなぎやたれ、あんなどで、しっとりのどごしよく仕上げましょう。

---

**Q** 丸飲みしてのどに詰まらないか心配です

**A** 小さくて丸いものは半分に切ったり皮をむいて

子どもの気管は大人にくらべて細く、小さいものでものどに詰まることがあります。ミニトマトやうずらゆで卵、大きなぶどうなど、丸みがあってつるんとしたものは半分に切るといいでしょう。5歳くらいでよくかむ力がつけば、そのままでも食べられるようになります。

---

おべんとうならコレがおすすめ！

### P40の 肉巻きべんとう

ひと口大でかみ切りやすい薄切り肉の肉巻き、かむとうまみが出る練り製品を生野菜のきゅうりと組み合わせることで、かむ習慣を身につけられます。

## 幼児食 お悩み解決室 2

# あまり食べてくれない

ゆっくりさんで、時間がかかる子もいますが、食べる量が少ないと栄養不足が心配に。食べることに興味がないのも気になります。

**アドバイス**

### 1 栄養価の高い食材を活用

牛乳よりコンパクトなチーズ、ビタミン豊富でエネルギー源にもなるかぼちゃなど、効率よく栄養補給できる食材を食べさせて。胚芽米など、未精製の穀物を使ったり、青のりやごまを振るのも栄養補給になります。

### 2 食べやすい料理にする

ご飯や麺などの主食に刻んだ具を混ぜたり、おうちではみそ汁を具だくさんにするなど、子どもが好きな料理に食べてほしいものを盛りこめば、食べる量が少なめでも栄養バランスがとれます。

### 3 食べる意欲をアップさせる

カラフルな食材を使い、型抜きや飾り切りなど楽しい雰囲気を出したり、定番料理も違う形にしたり、食器をかえるなどして「食べてみたい！」という気持ちを引き出しましょう。

---

**Q** 食べるのが遅いのでおべんとうを完食できるか心配です

**A** 子どもに合わせたサイズや詰め方を心がけて

食べきれるサイズのおべんとう箱を選び、おにぎりにするなどコンパクトにして詰めましょう。朝ご飯をしっかり食べ、おやつは食事がわりになるものにして不足分を補います。

---

**Q** どうしたらもっと食べることが好きになりますか？

**A** 日々の食事で食べることの楽しさを伝えよう

その日のメニューを子どもと一緒に考えたり、食事の準備のお手伝いをしたときにほめてあげると自信がつき、「食べるって楽しい！」と前向きなイメージをもつことにつながります。

---

**おべんとうならコレがおすすめ！**

## P19 の ご飯おやきべんとう

ご飯とおかずを一緒にパクッと食べられるおやきは、量も少なく、無理なく食べられます。チーズも効率よくエネルギー補給できます。

## 幼児食お悩み解決室 3

# 食べすぎが気になる

食べる量には個人差がありますが、揚げものや濃い味を好む傾向があれば消化に負担がかかるほか、脂質や塩分、糖質のとりすぎによって将来的に影響することもあります。

### アドバイス

### 1 食品の偏りをなくす
基本的には食欲に応じて食事量をふやしてもいいですが、好きなものばかりに偏ってはバランスがくずれます。大人の好みが影響することが多いため、もし肥満傾向であれば、家族の食生活を見直すことも大切です。

### 2 よくかむ料理をとり入れる
早食いや丸飲みは消化も悪く、満腹感も感じにくくなります。豆や海藻、根菜などを入れたサラダや汁ものを添えたり、おやつにせんべいや昆布を食べさせるなど、よくかむメニューにしてゆっくり食事をするように声をかけましょう。

### 3 食事のメリハリをつける
好き嫌いなくよく食べるのはいいことですが、大皿盛りではなく1人用の小皿に盛り、食べきれる量（適量）を把握すると食べすぎを防げます。お菓子のだらだら食べや、冷蔵庫からジュースを自由に飲める環境はリセットしましょう。

---

**Q 好きなものはいくらでも食べてしまいます**

**A 食べさせたい食品を好きな食材と組み合わせて**

から揚げなら鶏肉だけでなく根菜も一緒に揚げたり、ご飯に海藻を混ぜるなど、偏らないよう、1日に食べさせたい食品のなかから組み合わせるとよいです。さらに、サラダやスープなどの副菜や、苦手なものを先に出すなど、食事の順番も工夫するといいでしょう。

---

**Q 帰宅後におやつはあげていい？**

**A 内容と量を考えて夕食までにおなかがすくようにして**

おやつは夕食に支障がない量で、油脂や砂糖が少ないものを選ぶことが大切です。スナックやチョコレート、アイスクリームなど口あたりがよいお菓子やジュース、牛乳の飲みすぎは肥満やむし歯の原因になります。

---

**おべんとうならコレがおすすめ！**

### P20 の
## のり巻きべんとう

揚げもののおべんとうよりカロリー控えめの野菜ののり巻きや根菜と豆のおかずがおすすめ。よくかむ必要があるので満足感も得られます。

## 幼児食 お悩み解決室 4
## 好き嫌いをなくしたい

食べ物の好みがあるのは当然のことですが、野菜をほとんど食べないなど、偏りがあるのは心配です。味やかたさなどにも原因があります。

### アドバイス

#### 1 隠す＋見せるの合わせ技
刻んだ野菜を混ぜた肉だんごや、かぼちゃを生地に混ぜたパンケーキなど、子どもが苦手な食材も知らないうちに食べられるようにしながら、そのものを見えるように出して、徐々に食べられるようにチャレンジさせることも大切です。

#### 2 苦手の原因を探る
色や形、味など、苦手な原因はさまざま。また、かたすぎて食べにくいということも考えられます。パサつくものはあんかけに、苦みは油を加えてカバーするなど、調理を工夫して食べるようすを観察しましょう。

#### 3 無理せずにようすを見て
好みやこだわり、わがままもありますが、いつもと調理法を変えることで気分が変わったり、楽しい食体験によって徐々に克服できるでしょう。今まで食べていたものを食べない場合は体調不良の可能性も。

---

**Q** おべんとうが好きなものばかりになってしまいます

**A** 好きな食材をアレンジしたりほかの食事で新しいものをとり入れて

子どもが1人で食べるおべんとうは、食べやすいものが中心になります。同じ食材でも調理法や味を変えて別の料理にしたり、夕食で新しい食材や料理をとり入れるなどして食の幅を広げていきましょう。

**Q** 好き嫌いが多く集団生活が心配です

**A** 心の発達によって徐々に食べられるように

集団生活のなかで「からだにいいから食べよう」という理解や、まわりの目も考えて「食べられないのは恥ずかしい」という意識がしだいに芽生えるので、今は無理強いせず、おおらかに構えてOK。また、食育に関する行事（料理や収穫体験など）に参加することで、苦手なものが食べられるようになることもあります。

---

おべんとうならコレがおすすめ！

### P38の ポークソテーべんとう

厚切り肉よりも食べやすい薄切り肉に苦手な野菜やきのこを混ぜてソテーに。人気のスパゲッティにはチンゲンサイやしらす干しを合わせてカルシウムを補給。

## 幼児食 お悩み解決室 5

# 食物アレルギーがある

食物アレルギーがあると原因となる食物を除去するため、メニューに悩むことが多く、集団生活が始まると対応に苦労することもあります。

### アドバイス

### 1 自分で食物除去を解除しない

乳児期に食物アレルギーが出ても幼児期になるとよくなることが多いですが、自分で判断せず、つねに専門の医師と相談して適切な対処法（食物除去が解除されるまで）を確認しましょう。

### 2 代替食品を活用

除去すべき食品に含まれている主な栄養素を補う食品や、見た目や食感などが似ている食品を選びます（牛乳のかわりに小魚や豆乳、小麦のかわりに米粉で作った麺類など）。

### 3 アレルギーへの理解を広める

幼児期になると自分でも気をつけて食べるようになりますが、園やお友だちのママなどにも状況を説明し、除去すべき食品を誤って食べないよう協力してもらうことで「まわりと違う」という子どもの心のケアにもつながります。

**このおべんとうを参考に**※

---

**Q** 牛乳アレルギーのためカルシウム不足が心配です

**A** カルシウムの多い食品を積極的に活用しましょう

牛乳200ccには220mgのカルシウムが含まれますが、それにかわるカルシウム豊富な食品をとることで不足を補えます。たとえば、「木綿豆腐100g＋小松菜40g＋ごま10g＋食べる煮干し5g＋桜えび5g＋乾燥ひじき5g」で1日分のカルシウム（600mg）をとることができます。スープやハンバーグなどに混ぜたりして積極的に活用しましょう。

**Q** 食品の制限があるためおべんとうメニューがマンネリ化してしまいます

**A** デコレーションや盛りつけでにぎやかで楽しいおべんとうに

食品や調味料の原料に気をくばり、よけいなものを使わないおべんとうは、かえって健康的です。のりで顔をつけたり、かわいいカップを使うなど、食べられる食材の範囲で見た目を変えてみましょう。アレルギー対応の食品を多く扱うネットショップや自然食品店なども参考にしてください。

### P29の 野菜蒸しパンべんとう

卵不使用の蒸しパンは、牛乳を豆乳に、薄力粉を米粉にすれば、乳・小麦アレルギーにも対応できます。エネルギーやタンパク質が多めの緑黄色野菜やみそを使えば栄養不足も補えます。

※それぞれのアレルギーの状況に応じて内容をかえてください。

## 幼児食 お悩み解決室 6

# からだの調子が悪い

朝食がすすまない、おべんとうを残すなど、食欲がいまひとつのときは、カゼぎみだったり、口の中が痛いなどの不調を抱えている可能性も。

### アドバイス

**1 消化に負担をかけない工夫を**

油の多い揚げものや繊維の多い食材は避け、ご飯やパンなどの主食を中心に軽めにしておきましょう。さらに、脂肪の多い肉や魚を控え、ヨーグルトやしらす干しなどでタンパク質やカルシウムなどを補給して。

**2 刺激少なめで食べやすく**

のどの痛みや、鼻水が出るときは、酸味や辛みのあるものや、飲みこみにくいものは避けます。片栗粉でとろみをつけたり、だしをきかせてうす味にするなどやさしい味つけを心がけましょう。

**3 からだを温めて水分補給**

家庭での食事は温かいスープを用意して。うどんや卵を入れてエネルギーを補給したり、白菜やかぶなどビタミンCが豊富な野菜で回復を促します。嘔吐・下痢の症状がなければ、果物もビタミン、水分補給に最適です。

---

**Q 便秘ぎみで食欲もいまひとつです**

**A 食物繊維の多い食品や発酵食品をとり入れて**

食べる量が少ないと便秘になりやすく、便秘が続けば、さらに食欲もなくなります。食物繊維の多い食品や腸を活性化する発酵食品を、好みの料理や味つけでとり入れましょう。運動や睡眠など、生活リズムも整えることで腸の働きもよくなります。

---

**Q 免疫力が弱くカゼをひきやすいです**

**A カラフルな野菜や果物で免疫力をアップ**

栄養バランスのよい食事や、十分な休養がとれていると、抵抗力や回復力が身につきます。特に、野菜や果物は免疫力をアップさせる効果が期待できます。おすすめメニューは鍋料理。からだを温めて免疫力をアップし、蒸気の加湿効果で感染予防にもなります。

---

このおべんとうを参考に※

### P26の サンドイッチべんとう

食欲がないときも軽くて食べやすいサンドイッチ。おなかの調子が悪いなら、鶏ささみサンドはマヨネーズではなくしょうゆであえて、きゅうりを除くなど、なるべく消化がよい具にしましょう。

※症状によって中身をかえましょう。

# 食材別おかず索引

## 肉

### ●牛肉
| | |
|---|---|
| にんじんとアスパラの細巻き | 41 |
| ビビンバ | 22 |
| 野菜じゃがいも肉巻き | 40 |

### ●豚肉
| | |
|---|---|
| カレーライス | 25 |
| 玉ねぎときのこ入りポークソテー | 38 |
| 豚肉とれんこんのカレー炒め | 20 |
| ポークピカタ | 39 |
| 焼きうどん | 32 |

### ●鶏肉
| | |
|---|---|
| きんぴらサンド | 70 |
| ささみとかぼちゃの磯辺揚げ | 16 |
| ささみときゅうりのサンドイッチ | 26 |
| 炊きこみご飯 | 54 |
| チキンカツ＆野菜フライ | 42 |
| 鶏から揚げ＆さつまいもの素揚げ | 34 |
| 鶏とごぼうのはちみつみそ漬け焼き | 43 |
| 鶏とうずら卵のレモン煮 | 80 |
| ねぎ塩肉じゃが | 35 |

### ●ひき肉
| | |
|---|---|
| 厚揚げとなすの肉みそ炒め丼 | 60 |
| きんぴらつくね | 70 |
| そぼろ混ぜご飯 | 72 |
| 大豆入りミートソーススパゲッティ | 31 |
| 豆腐入りミートボール | 78 |
| 鶏そぼろコロッケ | 72 |
| 鶏と野菜のカレーご飯 | 48 |
| 鶏ねぎそぼろ | 72 |
| ひき肉野菜オムレツ | 57 |
| ひじき入り卵焼き | 71 |
| ひじきかぼちゃ煮 | 71 |
| ひじき煮 | 71 |
| 野菜甘酢あん | 37 |
| 野菜と麩入りハンバーグ | 36 |

### ●肉加工品
| | |
|---|---|
| オムライス | 24 |
| 切り干し大根のケチャップソテー | 63 |
| ケチャップソテー | 73 |
| にんじんとハムのマヨソテー | 62 |
| ホットドッグ | 28 |
| ポケットサンド | 27 |
| マカロニグラタン | 33 |
| 野菜蒸しパン | 29 |

## 魚

### ●魚介
| | |
|---|---|
| あじの蒲焼き | 49 |
| あじのカレー焼き | 48 |
| かじきとトマトのパスタ | 51 |
| かじきのパン粉焼きとラタトゥイユバーガー | 50 |
| 鮭入りいなりずし | 80 |
| 鮭の塩焼き | 44 |
| 鮭フレーク | 74 |
| シーフードソース焼きそば | 30 |
| ちらし寿司 | 72 |
| ぶりとかぼちゃの照り焼き | 46 |
| ぶりのごま焼き | 47 |
| みそマヨ焼き | 45 |

### ●魚介類加工品
| | |
|---|---|
| 裏巻き | 21 |
| かまぼこきゅうりチーズサンド | 40 |
| かまぼこサンド | 69 |
| かまぼことわかめの春雨サラダ | 22 |
| 切り干し大根ツナ煮 | 36 |
| さつま揚げお好み焼き | 69 |
| さつま揚げの卵とじ丼 | 53 |
| じゃこピーマンソテー | 67 |
| しらす青菜炒め | 74 |
| しらすと青菜のパスタソテー | 38 |
| しらすと野菜のご飯おやき | 19 |
| しらすゆかり玄米おにぎり | 18 |
| ちくわ磯辺揚げ | 68 |
| ちくわとじゃがいものみそ煮 | 44 |
| ちくわと野菜のかき揚げ丼 | 52 |
| ちくわの照り焼き | 68 |
| ちくわのナムル | 68 |
| ちくわのピザ風 | 68 |
| ツナそぼろ | 74 |
| ツナみそサンドおにぎり | 18 |
| 豆腐ツナハンバーグ | 58 |
| はんぺんチーズフライ | 69 |
| はんぺんのり巻き | 69 |
| ミニトマトとかまぼこのゆかりがけ | 62 |

## 野菜

### ●アスパラ・いんげん・枝豆・オクラ
| | |
|---|---|
| アスパラチーズソテー | 28 |
| チキンカツ＆野菜フライ | 42 |
| にんじんとアスパラの細巻き | 41 |
| 焼き野菜 | 80 |
| いんげんとこんにゃくの炒めごまあえ | 66 |
| きんぴらつくね | 70 |
| きんぴらサンド | 70 |
| のり巻き | 20 |
| ひじき入り卵焼き | 71 |
| ひじきかぼちゃ煮 | 71 |
| ひじき煮 | 71 |
| 野菜甘酢あん | 37 |
| れんこん塩きんぴら | 70 |
| 枝豆入り雑穀ご飯おにぎり | 18 |
| 枝豆入り卵焼き | 46 |
| 枝豆マッシュポテト | 36 |
| 鮭入りいなりずし | 80 |
| ちくわと野菜のかき揚げ丼 | 52 |
| 野菜蒸しパン | 29 |
| オクラ梅おかかあえ | 66 |
| 鶏と野菜のカレーご飯 | 48 |

### ●かぶ＆かぶの葉・かぼちゃ
| | |
|---|---|
| かぶのゆかりあえ | 54 |
| しらす青菜炒め | 74 |
| 卵サラダ | 72 |
| ちらし寿司 | 72 |
| 野菜の甘酢漬け | 72 |
| かぼちゃオレンジかん | 82 |
| かぼちゃサラダ | 38 |
| かぼちゃチーズ焼き | 64 |
| かぼちゃのクリームチーズあえ | 65 |
| かぼちゃロールサンド | 26 |
| ささみとかぼちゃの磯辺揚げ | 16 |
| ひじきかぼちゃ煮 | 71 |
| ぶりとかぼちゃの照り焼き | 46 |
| 野菜蒸しパン | 29 |

### ●キャベツ・きゅうり・切り干し大根
| | |
|---|---|
| キャベツとコーンのマカロニサラダ | 58 |
| キャベツとりんごのサラダ | 25 |
| キャベツのおかかあえ | 42 |
| きゅうりとキャベツの塩昆布あえ | 16 |
| さつま揚げお好み焼き | 69 |

| | | | | | |
|---|---|---|---|---|---|
| シーフードソース焼きそば | 30 | 大学いも | 65 | さつま揚げの卵とじ丼 | 53 |
| しらすと野菜のご飯おやき | 19 | 鶏から揚げ&さつまいもの素揚げ | 34 | そぼろ混ぜご飯 | 72 |
| ホットドッグ | 28 | フルーツさつまいもきんとん | 82 | 鶏そぼろコロッケ | 72 |
| | | 蒸し野菜くるみみそ添え | 29 | 鶏ねぎそぼろ | 72 |
| 裏巻き | 21 | | | ねぎ塩肉じゃが | 35 |
| かまぼこきゅうりチーズサンド | 40 | 青のりポテト | 50 | 焼きうどん | 32 |
| かまぼこサンド | 69 | 枝豆マッシュポテト | 36 | | |
| かまぼことわかめの春雨サラダ | 22 | カラフルポテトサラダ | 78 | 厚揚げとなすの肉みそ炒め丼 | 60 |
| きゅうりとキャベツの塩昆布あえ | 16 | カレーポテト | 65 | | |
| きゅうりの酢じょうゆあえ | 48 | カレーライス | 25 | にらとたらこの卵焼き | 43 |
| 切り干し煮ナムル | 71 | グリーンマッシュポテト | 67 | | |
| ささみときゅうりのサンドイッチ | 26 | じゃがいものケチャップ炒め | 57 | ●にんじん | |
| たたききゅうりのごま酢あえ | 66 | ちくわとじゃがいものみそ煮 | 44 | かじきとトマトのパスタ | 51 |
| | | 鶏そぼろコロッケ | 72 | かじきのパン粉焼きとラタトゥイユバーガー | 50 |
| 切り干し大根ツナ煮 | 36 | ねぎ塩肉じゃが | 35 | カレーライス | 25 |
| 切り干し大根にんじん煮 | 71 | 野菜じゃがいも肉巻き | 40 | キャベツとコーンのマカロニサラダ | 58 |
| 切り干し大根のケチャップソテー | 63 | | | 切り干し大根ツナ煮 | 36 |
| 切り干し煮ナムル | 71 | ●大根・玉ねぎ | | 切り干し大根にんじん煮 | 71 |
| ケチャップライス | 71 | 大根の梅あえ | 46 | 切り干し煮ナムル | 71 |
| | | | | きんぴらごぼう | 70 |
| ●コーン&とうもろこし・ごぼう・ | | オムライス | 24 | きんぴらサンド | 70 |
| 小松菜・スナップえんどう・そら豆 | | かじきとトマトのパスタ | 51 | きんぴらつくね | 70 |
| カラフルポテトサラダ | 78 | かじきのパン粉焼きとラタトゥイユバーガー | 50 | ケチャップライス | 71 |
| キャベツとコーンのマカロニサラダ | 58 | カレーライス | 25 | さつま揚げお好み焼き | 69 |
| コーンのいり豆腐 | 64 | ケチャップソテー | 73 | さつま揚げの卵とじ丼 | 53 |
| しらすと野菜のご飯おやき | 19 | シーフードソース焼きそば | 30 | シーフードソース焼きそば | 30 |
| ほうれんそうコーンのり巻き | 66 | 玉ねぎときのこ入りポークソテー | 38 | しらすと野菜のご飯おやき | 19 |
| もやしとコーンの炒めサラダ | 65 | 大豆入りミートソーススパゲッティ | 31 | スナップえんどうと | |
| 焼き野菜 | 80 | ちくわとじゃがいものみそ煮 | 44 | 　にんじんのごまあえ | 44 |
| | | ちくわと野菜のかき揚げ丼 | 52 | 炊きこみご飯 | 54 |
| きんぴらごぼう | 70 | ちくわのピザ風 | 68 | 卵サラダ | 72 |
| きんぴらサンド | 70 | 豆腐入りミートボール | 78 | チキンカツ&野菜フライ | 42 |
| きんぴらつくね | 70 | 豆腐ツナハンバーグ | 58 | ちくわと野菜のかき揚げ丼 | 52 |
| 炊きこみご飯 | 54 | 鶏と野菜のカレーご飯 | 48 | ちくわのナムル | 68 |
| ちくわと野菜のかき揚げ丼 | 52 | ひき肉野菜オムレツ | 57 | ちらし寿司 | 72 |
| 鶏とごぼうの | | ポークピカタ | 39 | にんじんサラダ | 34 |
| 　はちみつみそ漬け焼き | 43 | マカロニグラタン | 33 | にんじんとアスパラの細巻き | 41 |
| | | 野菜甘酢あん | 37 | にんじんとしらたきのたらこあえ | 63 |
| 切り干し大根ツナ煮 | 36 | 野菜と麩入りハンバーグ | 36 | にんじんとハムのマヨソテー | 62 |
| しらすと野菜のご飯おやき | 19 | | | にんじんのごま煮 | 63 |
| ちくわのナムル | 68 | ●チンゲンサイ・トマト&ミニトマト | | にんじんりんご煮 | 62 |
| ひき肉野菜オムレツ | 57 | しらすと青菜のパスタソテー | 38 | ねぎ塩肉じゃが | 35 |
| | | チンゲンサイのわかめふりかけあえ | 67 | のり巻き | 20 |
| スナップえんどうと | | 焼きうどん | 32 | ひき肉野菜オムレツ | 57 |
| 　にんじんのごまあえ | 44 | | | ひじき入り卵焼き | 71 |
| | | かじきとトマトのパスタ | 51 | ひじきかぼちゃ煮 | 71 |
| グリーンマッシュポテト | 67 | かじきのパン粉焼きとラタトゥイユバーガー | 50 | ひじき煮 | 71 |
| ●さつまいも・じゃがいも | | トマトのスクランブルエッグ | 63 | ビビンバ | 22 |
| さつまいもオレンジ煮 | 58 | ミニトマト&パイナップル | 28 | マカロニグラタン | 33 |
| さつまいも煮 | 73 | ミニトマトとかまぼこのゆかりがけ | 62 | 蒸し野菜くるみみそ添え | 29 |
| さつまいもプルーン煮 | 32 | | | 野菜甘酢あん | 37 |
| さつまいもレモン煮茶巾 | 64 | ●長ねぎ・なす・にら | | 野菜と麩入りハンバーグ | 36 |
| | | 厚揚げとなすの肉みそ炒め丼 | 60 | 野菜の甘酢漬け | 72 |

102

| | |
|---|---|
| れんこん塩きんぴら …………… | 70 |

### ●白菜・ピーマン＆パプリカ

| | |
|---|---|
| 白菜のたくあんあえ …………… | 53 |
| 赤パプリカのナムル …………… | 62 |
| カラフルポテトサラダ ………… | 78 |
| 黄パプリカのソテー …………… | 64 |
| じゃこピーマンソテー ………… | 67 |
| 卵サラダ ………………………… | 72 |
| ちくわのピザ風 ………………… | 68 |
| ちらし寿司 ……………………… | 72 |
| 鶏と野菜のカレーご飯 ………… | 48 |
| 焼きうどん ……………………… | 32 |
| 野菜の甘酢漬け ………………… | 72 |
| 野菜じゃがいも肉巻き ………… | 40 |

### ●ブロッコリー・ほうれんそう

| | |
|---|---|
| カラフルポテトサラダ ………… | 78 |
| マカロニグラタン ……………… | 33 |
| 蒸し野菜くるみみそ添え ……… | 29 |
| 焼きブロッコリー麺つゆあえ … | 67 |
| 野菜じゃがいも肉巻き ………… | 40 |
| ちくわと野菜のかき揚げ丼 …… | 52 |
| ビビンパ ………………………… | 22 |
| ほうれんそう入り焼きドーナツ … | 82 |
| ほうれんそうコーンのり巻き … | 66 |

### ●もやし・れんこん

| | |
|---|---|
| ちくわのナムル ………………… | 68 |
| もやしとコーンの炒めサラダ … | 65 |
| きんぴらサンド ………………… | 70 |
| きんぴらつくね ………………… | 70 |
| 卵サラダ ………………………… | 72 |
| ちらし寿司 ……………………… | 72 |
| 豚肉とれんこんのカレー炒め … | 20 |
| 野菜の甘酢漬け ………………… | 72 |
| れんこん塩きんぴら …………… | 70 |
| れんこんのごま酢あえ ………… | 60 |

### 果物

| | |
|---|---|
| キャベツとりんごのサラダ …… | 25 |
| さつまいもプルーン煮 ………… | 32 |
| にんじんりんご煮 ……………… | 62 |
| フルーツさつまいもきんとん … | 82 |
| フルーツゼリー ………………… | 80 |
| フルーツのはちみつレモンマリネ … | 26 |
| フルーツヨーグルト …………… | 82 |
| ミニトマト＆パイナップル …… | 28 |

### 卵

| | |
|---|---|
| 枝豆入り卵焼き ………………… | 46 |
| オムライス ……………………… | 24 |
| 錦糸卵 …………………………… | 56 |
| さつま揚げの卵とじ丼 ………… | 53 |
| スタッフエッグ ………………… | 56 |
| 卵サラダ ………………………… | 72 |
| 卵焼き …………………………… | 54 |
| トマトのスクランブルエッグ … | 63 |
| 鶏とうずら卵のレモン煮 ……… | 80 |
| にらとたらこの卵焼き ………… | 43 |
| のり巻き卵焼き ………………… | 56 |
| 半割り目玉焼き ………………… | 56 |
| ひき肉野菜オムレツ …………… | 57 |
| ひじき入り卵焼き ……………… | 71 |
| ビビンパ ………………………… | 22 |
| ポークピカタ …………………… | 39 |
| ポケットサンド ………………… | 27 |
| ゆで卵 …………………………… | 30 |

### 豆類・豆製品

#### ●豆類（大豆・金時豆など）

| | |
|---|---|
| 金時豆の薄甘煮 ………………… | 73 |
| 金時豆のメープルシロップ煮 … | 20 |
| ケチャップソテー ……………… | 73 |
| さつまいも煮 …………………… | 73 |
| 大豆入り<br>　　ミートソーススパゲッティ … | 31 |
| ひよこ豆の塩ゆで ……………… | 73 |

#### ●豆製品（厚揚げ・油揚げ・豆腐など）

| | |
|---|---|
| 厚揚げとなすの肉みそ炒め丼 … | 60 |
| 切り干し大根にんじん煮 ……… | 71 |
| 切り干し煮ナムル ……………… | 71 |
| ケチャップライス ……………… | 71 |
| コーンのいり豆腐 ……………… | 64 |
| 鮭入りいなりずし ……………… | 80 |
| 豆腐入りミートボール ………… | 78 |
| 豆腐ツナハンバーグ …………… | 58 |
| のり巻き ………………………… | 20 |

### 乳製品

| | |
|---|---|
| アスパラチーズソテー ………… | 28 |
| かぼちゃチーズ焼き …………… | 64 |
| かぼちゃのクリームチーズあえ … | 65 |
| かまぼこきゅうりチーズサンド … | 40 |
| クリームチーズ＆ジャムサンド … | 78 |
| ちくわのピザ風 ………………… | 68 |
| はんぺんチーズフライ ………… | 69 |
| フルーツヨーグルト …………… | 82 |
| マカロニグラタン ……………… | 33 |

### ご飯

| | |
|---|---|
| 厚揚げとなすの肉みそ炒め丼 … | 60 |
| 梅おかかおにぎり ……………… | 16 |
| 裏巻き …………………………… | 21 |
| 枝豆入り雑穀ご飯おにぎり …… | 18 |
| オムライス ……………………… | 24 |
| 顔おにぎり ……………………… | 58 |
| 型抜きおにぎり ………………… | 38 |
| カレーライス …………………… | 25 |
| ケチャップライス ……………… | 71 |
| 鮭入りいなりずし ……………… | 80 |
| さつま揚げの卵とじ丼 ………… | 53 |
| しょうゆの焼きおにぎり ……… | 18 |
| しらすと野菜のご飯おやき …… | 19 |
| しらすゆかり玄米おにぎり …… | 18 |
| そぼろ混ぜご飯 ………………… | 72 |
| ツナみそサンドおにぎり ……… | 18 |
| 炊きこみご飯 …………………… | 54 |
| たくあんのり巻き ……………… | 46 |
| ちくわと野菜のかき揚げ丼 …… | 52 |
| ちらし寿司 ……………………… | 72 |
| 鶏と野菜のカレーご飯 ………… | 48 |
| のりべん ………………………… | 44 |
| のり巻き ………………………… | 20 |
| パンダおにぎり ………………… | 40 |
| ビビンパ ………………………… | 22 |
| わかめおにぎり ……………… 34・80 |

### パン

| | |
|---|---|
| かじきのパン粉焼きと<br>　　ラタトゥイユバーガー ……… | 50 |
| かぼちゃロールサンド ………… | 26 |
| きんぴらサンド ………………… | 70 |
| クリームチーズ＆ジャムサンド … | 78 |
| ささみときゅうりのサンドイッチ … | 26 |
| ホットドッグ …………………… | 28 |
| ポケットサンド ………………… | 27 |

### 麺

| | |
|---|---|
| かじきとトマトのパスタ ……… | 51 |
| キャベツとコーンのマカロニサラダ … | 58 |
| シーフードソース焼きそば …… | 30 |
| しらすと青菜のパスタソテー … | 38 |
| 大豆入りミートソーススパゲッティ … | 31 |
| マカロニグラタン ……………… | 33 |
| 焼きうどん ……………………… | 32 |

103

**中村美穂**

管理栄養士・フードコーディネーター。東京農業大学卒業後、デリ・レストラン（デパ地下店舗など）の商品企画・開発に携わり、旬の食材を使ったサラダなどを多く手がける。その後、保育園栄養士として乳幼児の食事作りや食育活動、地域の母親向け離乳食講習会や食事相談などを幅広く手がけ、2009年に独立。雑誌・広告などのレシピ、スタイリングを担当するほか、東京都西東京市を中心に料理教室「おいしい楽しい食時間」を開催。著書に『きちんとかんたん離乳食』（赤ちゃんとママ社）『1～3歳 発達を促す子どもごはん』（日東書院）『1歳半～5歳子どもと食べたいつくりおきおかず』（世界文化社）など。2児の母。https://syokujikan.com/

| | |
|---|---|
| 編集 | 丸山千晶　ナカヤメグミ　山田浩司（株式会社スタンダードスタジオ） |
| 撮影 | 小澤顕 |
| デザイン | 遠藤亜由美　高橋里愛　利根川裕　橘亜希（g-love.org） |
| イラスト | こいしゆうか |
| 校正 | 河野久美子 |
| 企画・編集 | 佐藤加世子（株式会社赤ちゃんとママ社） |

### 3歳からの
### からだを作るおべんとう

2014年2月14日　初版第1刷発行
2020年8月7日　初版第5刷発行

| | |
|---|---|
| 著者 | 中村美穂 |
| 発行人 | 小山朝史 |
| 発行所 | 株式会社赤ちゃんとママ社 |
| | 〒160-0003　東京都新宿区四谷本塩町14番1号 |
| | TEL：03-5367-6595（編集） |
| | TEL：03-5367-6592（販売） |
| | http://www.akamama.co.jp |
| | 振替：00160-8-43882 |
| 印刷・製本 | 凸版印刷株式会社 |

乱丁・落丁本はお取り替えいたします。無断転載・複写を禁じます。

©Miho Nakamura 2014.Printed in Japan
ISBN978-4-87014-092-9